UNE PAGE

D'HISTOIRE CONTEMPORAINE

DEVANT

L'ASSEMBLÉE NATIONALE

DU MÊME AUTEUR :

L'Armée Française en 1867, in-8°,
20e édition . . . . 5 fr.

Paris. — Imp. J. DUMAINE, rue Christine, 2.

UNE PAGE

D'HISTOIRE CONTEMPORAINE

DEVANT

L'ASSEMBLÉE NATIONALE

PAR

LE GÉNÉRAL TROCHU

PARIS

LIBRAIRIE MILITAIRE DE J. DUMAINE

LIBRAIRE-ÉDITEUR

Rue et passage Dauphine, 30

—

1871

Dans un livre, à présent oublié, « *l'Armée française en* 1867 », j'avais montré à l'Empire les périls certains de l'avenir. Cet avenir s'est réalisé dans un désastre immense.

Longtemps, sans impatience, j'ai attendu que l'Assemblée nationale, dégagée de cruelles préoccupations, voulût entendre les explications que j'avais à lui donner sur ces douloureux événements. Elle les a accueillies avec une bienveillance qui m'a comblé.

Aujourd'hui, je les livre au jugement des électeurs des dix départements qui m'ont fait l'honneur, après le siége de Paris, de m'envoyer à l'Assemblée. Je leur offre *cette page d'histoire contemporaine* (*a*), dans le sentiment exclusif où j'étais quand j'ai écrit « *l'Armée française en* 1867 », pour faire mon devoir.

Général TROCHU.

(*a*) Discours prononcés dans les séances des 30 mai, 2, 13, 14 et 15 juin 1871.

Messieurs,

Le siége de Paris a été un grand effort public auquel se sont associés tant d'énergiques bons vouloirs et tant d'ardents dévouements, que je ne puis à aucun degré en revendiquer l'honneur. J'en parlerai donc librement.

Pendant la dernière période de cette crise, alors que les périls et les angoisses s'accumulaient autour de nous, des citoyens sans responsabilité d'aucune sorte, dont je ne veux pas d'ailleurs suspecter les intentions, — mais qui avaient la fortune d'être soutenus par les faveurs de la foule — déconsidéraient par leurs discours et par leurs écrits les responsables qui avaient devant eux l'ennemi, derrière eux l'émeute, et autour d'eux, grandissant tous les jours à cette époque-là, le fantôme de la famine au sein d'une population de deux millions d'habitants.

Aujourd'hui que l'ennemi n'est plus là, que les partis ne sont plus là, que les accusateurs et les accusés sont en état d'égalité parfaite devant l'Assemblée nationale, les propositions seraient retirées, comme leurs auteurs l'ont voulu hier ! Et par le seul retrait des accusations, le procès serait vidé !

Messieurs, votre justice n'y aurait pas consenti, alors même que l'honorable M. des Vignes n'aurait pas repris pour son compte le débat.

D'ailleurs, depuis que les signataires de ces propositions vous les ont présentées à Bordeaux, sous l'empire de circonstances où ils étaient en parfait accord pour déclarer que la défense de Paris avait failli à son mandat, les événements avaient marché comme ils marchent en temps de révolution, très-vite. Une partie des signataires avaient quitté l'Assemblée et s'étaient déclarés les adhérents de la Commune insurgée de Paris, ou étaient même devenus ses directeurs. Et la Commune, par des actes que vous avez lus, a proclamé, tantôt collectivement, tantôt nominativement, que les co-signataires restés dans l'Assemblée avaient à leur tour, en y restant, failli à leur mandat.

Il y a donc là un désordre qui ôte à ces propositions, d'abord une grande part de leur unité, ensuite une grande part de leur autorité; mais il ne leur ôte rien de leur intérêt. Cet intérêt consiste, comme je vous l'ai expliqué hier, dans ceci, que toute la question militaire contemporaine est soulevée par ces accusations. Non pas la question de Paris, comme on le dit, mais la question d'ensemble; car le drame du siége de Paris n'est que le résultat obligé des drames antérieurs de Wissembourg, de Reichshoffen, de Forbach et de Sedan. Eh bien! cette question militaire, je vous conjure de saisir l'occasion qui vous est offerte et que des circonstances de force majeure ont trop longtemps retardée, de la traiter devant le pays et devant l'armée. Je vous prie de m'autoriser à vous exposer le point de vue où je me place moi-même pour l'envisager.

J'ai toujours considéré que la Providence, en permettant que cette Assemblée se réunît et fonctionnât dans des circonstances qui semblaient rendre cette réunion et ce fonctionnement impossibles, a expressément voulu ouvrir au pays une voie de salut, et, selon moi, une dernière voie de salut ! Mais ce mandat providentiel, vous le remplirez moins, en édictant des lois et des règlements, bien que j'en comprenne la haute importance, qu'en faisant que l'Assemblée nationale devienne un grand centre d'enseignement pour la vérité, pour la justice, pour le devoir et pour l'honneur.

Dans une précédente séance, qui restera mémorable, vous avez, à propos du service de la justice , éclairé l'opinion et donné à la magistrature française une grande leçon de dignité. Plus récemment, vous avez montré au pays qu'il périssait par l'orgueil, en le conviant à s'humilier devant celui qui abaisse les victorieux et qui relève les vaincus, — abaisse les victorieux qui s'enivrent de la force et de la violence, relève les vaincus qui ne désespèrent jamais de la justice et du droit !

Eh bien ! je crois que l'heure est venue pour l'Assemblée de parler à l'armée française ; de lui expliquer sa situation, qu'elle ne peut pas encore comprendre ; de lui prouver la nécessité des grandes réformes morales, disciplinaires, organiques, que vous allez aborder ; de lui rendre sa confiance en elle-même, en lui montrant que, dans la catastrophe, elle a été non pas coupable, mais victime.

Le caractère national a des côtés très-brillants, mais qui sont malheureusement plus brillants que solides. Ainsi, dans la victoire, les troupes sont, du premier coup et à l'unanimité, déclarées invincibles, les officiers excellents, les généraux éminents et même illustres ; en France l'illustration se donne facilement. Dans la défaite, les mêmes troupes sont déclarées mauvaises, les mêmes officiers sont au-dessous de leur rôle. Pour les généraux, leur fortune est particulière : l'écrivain, le journaliste, l'avocat, le négociant, tout le monde, traitant *ex professo* de la matière militaire qui est complexe et difficile, les déclare *ineptes*. C'est le mot contemporain. Quant à la foule, dans notre pays, en tous les temps et sous tous les régimes, elle a un moyen invariable et unique de leur marquer sa colère : elle les déclare *traîtres* et *vendus;* car nous avons trop d'orgueil pour attribuer nos revers à d'autres causes qu'à l'ineptie ou à la trahison. Nous n'avons pas ce ferme sentiment de dignité qui conduit les nations vaincues à faire un retour sur elles-mêmes, à rechercher, à trouver, à confesser leurs propres fautes, pour les rectifier !

Il y a même — je vous prie de me permettre cette courte digression — il y a des généraux qui ont rencontré l'une et l'autre fortune presque en même temps et pour le même fait. Ainsi, les mémoires anecdotiques du temps racontent qu'à la bataille de Fontenoy, qui fut perdue pendant les quatre cinquièmes de la journée, le maréchal de Saxe avait fait retirer la partie de la cour qui était là, les bagages, donné de premiers ordres pour la retraite et expédié un courrier pour annoncer l'événement. Dans la soirée survint la célèbre charge historique de la Maison du Roi qui rompit la tête de la colonne anglaise, laquelle avait traversé jusque-là toutes nos lignes sans se découdre. Ce fut la victoire de Fontenoy! Un deuxième courrier fut envoyé pour en porter la nouvelle. Mais le premier était arrivé, et déjà la foule avait déclaré Maurice de Saxe traître et vendu, avec d'autant plus d'apparence qu'il était étranger. Le deuxième courrier arrive à son tour; le maréchal est proclamé le plus grand capitaine de son temps, ce qui était vrai.

Vous voyez donc qu'un officier général peut être, pour le même fait, traîné aux gémonies et porté au Capitole.

Mais au milieu de cette inconsistance de l'opinion, il y a des aspirations légitimes et qu'il faut satisfaire. Par exemple, voilà une grande nation à qui une puérile éducation publique a persuadé, malgré les leçons de l'histoire, qu'elle était toujours et quand même invincible. Elle est vaincue, elle est humiliée, elle est ruinée, elle en demande la raison; il faut la lui dire, et je la lui dirai. Et pour la lui dire, je n'emploierai pas ce procédé révolutionnaire, si français, si commode, qui consiste à faire exclusivement le procès des personnes; je ferai surtout le procès des institutions et des gouvernements.

Oui, parlant du pays au pays, je lui montrerai qu'il a préparé de ses propres mains sa ruine, en désertant, pour une part, le contrôle de ses affaires ; en désertant absolument le contrôle de l'institution militaire, et en permettant qu'elle fût remplacée par une légende, illustre au plus haut point, mais tout à fait vieillie; en permettant qu'à un moment donné, sous l'empire de certaines législations et de certaines excitations, la noble et austère fonction des armes devînt une industrie; en permettant que l'esprit de sacrifice et de dévouement gratuit, qui est si naturel à l'armée française et dont elle vous donne, en ce moment même, de si éclatantes marques, dégénérât en spéculations personnelles; en permettant enfin que s'introduisît dans les mœurs publiques un double fléau dont vous savez la double origine, le luxe anglais et la corruption italienne!

C'est à ce double fléau que vous devez ce douloureux abaissement de virilité sociale, qui expliquerait à lui seul les résultats de la campagne de 1870; c'est que l'accroissement périodique de la famille prussienne va atteindre le chiffre 6, alors que l'accroissement périodique correspondant de la famille française, va descendre au-dessous du chiffre 2 !

J'offrirai à l'Assemblée une page d'histoire militaire et politique contemporaine qui sera authentique, car je déclare ici que je n'énoncerai pas un seul fait qui ne soit prouvé par des témoins ou par des actes écrits. Elle comprendra les causes générales de l'affaiblissement de l'armée, dont je viens de dire quelques mots; les causes des événements principaux de la guerre du Rhin ; la révolution du 4 septembre, avec des détails qui ont été celés au pays ; enfin le siége de Paris.

C'est là un cadre bien étendu et dont assurément le développement dépassera mes forces. Je veux l'aborder cependant, si vous voulez bien accueillir mon effort. Il répondra à vos principales et très-légitimes préoccupations ; il éclairera les travaux de celles de vos commissions spéciales à qui vous avez confié ou confierez l'étude de ces événements.

J'aurai des vérités à dire, des manœuvres à

La révolution de 1830, pour les générations contemporaines, a commencé ce grand désordre ; la révolution de 1848 l'a mûri ; la révolution du coup d'État l'a achevé, et l'a achevé dans des conditions qui rendaient ses enseignements particulièrement redoutables. Là s'est rompue cette tradition qui avait une haute valeur de conservation sociale et politique, que l'armée était l'appui du gouvernement établi, qu'elle devait combattre avec lui ou périr avec lui.

Dans l'événement de 1851, l'armée a renversé le gouvernement établi ; elle a triomphé avec le gouvernement à établir, et elle en a retiré de grands bénéfices. De là une perturbation profonde dans les principes et dans les esprits, avec une altération corrélative de la notion des devoirs et des droits. Et l'armée française, dans cette crise, a été bien plus victime que coupable, comme je l'ai dit ; car, avec ses chefs les plus considérables, avec des hommes très-estimés dans le pays, elle avait été mise en présence de l'anarchie. On la lui avait montrée, dans une exagération que vous avez tous présente à l'esprit, comme prête à envahir l'Assemblée constituante et le pays lui-même.

vaincu — de ce devoir de haute convenance, auquel je serais certainement resté fidèle.

L'Empereur, dans un acte public qu'il a fait répandre en France, au moment même des élections de cette Assemblée, a introduit cette déclaration : « L'Empire abandonné de ceux qui devaient le défendre.., » etc.

J'ai vu là une injure d'autant plus cruelle, d'autant plus intolérable, que — je le prouverai absolument — c'est l'Empire qui, à la dernière heure, a abandonné ceux qui devaient le défendre.

L'altération de l'esprit militaire et de la discipline dans l'armée, la ruine de la hiérarchie et des respects datent, pour une part proportionnelle, de chacune de nos révolutions ; car pour moi il n'y a pas de bonnes révolutions. Toutes ont excité les ambitions, provoqué les compétitions, troublé dans les masses la notion du vrai et du faux, du juste et de l'injuste, et substitué la spéculation personnelle au patriotisme et au sentiment de l'intérêt public.

Je ne suis pas de ceux qui injurient systématiquement le passé, dans l'Empire; je ne puis pas oublier que l'Empire a été acclamé, dans des circonstances et pour des raisons que je ne veux pas examiner ici, par le vote presque universel du pays. D'ailleurs, alors que les temps lui étaient prospères, je l'ai averti, notoirement, avec une sincérité, je pourrais peut-être dire avec une fermeté, qui m'ont acquis le droit de n'en parler, aujourd'hui qu'il est tombé, qu'avec la déférence due au malheur; mais j'ai été délié — vous le reconnaîtrez, j'en suis con-

2

signaler, des calculs à déjouer, des calomnies à mettre à néant.

Je n'irai pas plus loin pour aujourd'hui. J'espère vous avoir persuadés de l'utilité et même de la grandeur du débat qui s'offre à vous.

On lui avait dit : « Tout va périr ; il faut rendre sa force à l'autorité. » Et l'armée et beaucoup d'honnêtes gens n'ont pas vu que la restauration de l'autorité, accompagnée de la ruine de l'ordre moral, était la ruine de tout (1) !

Après la campagne de Sadowa, effrayé de la conviction ou j'étais que l'Empire, dominant les répugnances évidentes du pays, nous jetterait dans une guerre désastreuse pour laquelle nous

(1) Ces sentiments et ces vues sont fort anciens dans mon esprit, et j'ai le droit de reproduire ici deux textes vieux de vingt ans, portant tous les deux ma signature, et qui ont reçu à cette époque, en Bretagne, assez de publicité, pour que leur authenticité ne puisse être contestée. Je ne les ai pas lus à l'Assemblée, ainsi que beaucoup d'autres documents, pour ne pas abuser de sa patience.

5 octobre 1851.

Avant le coup d'État.

« ...La situation politique du pays est bien grave, et il com-
« mence à payer l'immense erreur qu'il a commise le 10 décem-
« bre 1848. Il la paiera dans les conditions que j'ai cent fois,
« verbalement et par écrit, exposées à notre regretté maré-
« chal (*b*) qui ne m'en croyait guère.

« Assurément, le Président une fois nommé, tout homme de
« sens et de cœur devait se rallier à lui sans arrière-pensée, en

(*b*) Le maréchal Bugeaud.

n'étions à aucun degré préparés, j'ai écrit un petit livre « *L'armée française en* 1867 ». Il avait pour but d'établir que l'armée prussienne était le seul instrument moderne de guerre qui existât en Europe ; que nos institutions et nos pratiques militaires avaient infiniment vieilli et que j'en avais vu la preuve, malgré le succès, dans nos campagnes de Crimée et d'Italie ; que l'esprit militaire et la discipline étaient à relever ; que tout l'organisme était à refaire ; enfin, envisageant les situations respectives de la Prusse et

« vue de l'aider à reconstruire la machine gouvernementale si « profondément ébranlée et désorganisée. C'est ce qu'ont fait « tous les honnêtes gens, c'est ce qu'ils voudraient faire en- « core. Mais le peuvent-ils?

« Les honnêtes gens de l'armée sont indignés et consternés. « Après l'orgie de croix qui s'est faite et se poursuit, sont « venus les banquets d'officiers et de sous-officiers; les revues « suivies de collations.

« Il est impossible de violenter à un plus haut degré nos « traditions, nos usages, les sentiments sur lesquels s'appuient « notre discipline, notre union, et qui font l'honneur et la « force de l'armée. Nous n'avons plus aujourd'hui un défilé « sans qu'au mépris d'une règle qui résume toutes nos rè- « gles et tous nos devoirs, de véritables clameurs politiques ne « remplissent les airs.

« Je ne sais si le Président si ferme, si modéré, si sensé, « si légal dans ses discours publics, si audacieux dans ses entre- « prises vis-à-vis de l'armée, compte arriver par cette popula-

de l'Autriche, je disais que l'Autriche avait péri parce que l'armée prussienne, préparée d'ancienne date par son gouvernement et toujours concentrée, avait surpris le gouvernement autrichien en flagrant délit de préparation, et par

« rité de séduction et de corruption à l'Empire. Il arriverait « tout au plus au Bas-Empire et le Pays ne s'en relèverait « jamais ! »

« J. TROCHU. »

Après le coup d'État.

15 décembre 1851.

« Votre lettre politique du 10 de ce mois exprime, au sujet « de la révolution militaire du 2 décembre, un sentiment de « satisfaction intérieure et de quasi-enthousiasme que je m'ex- « plique sans peine. Vous êtes tous ensemble des types bour- « geois accomplis et vous avez dû conséquemment passer, avec « toute la bourgeoisie parisienne que j'ai sous les yeux, par les « impressions successives que voici :

« Premier jour (avant la réussite certaine de l'entreprise), « consternation et colère.

« Deuxième jour (après la réussite), rassérénement.

« Troisième jour, retour à une sécurité absolue.

« Quatrième jour, enthousiasme.

« Cinquième jour, indignation contre les hommes restés « dans l'effroi de l'avenir.

« La Bourse monte de 10 fr., toutes les valeurs industrielles « et commerciales suivent ce mouvement ascensionnel, l'hydre « socialiste est anéantie, vive le Président, vive l'Empereur !

« Est-ce que je n'avais pas vu de mes yeux le préfet de po-

suite, l'armée autrichienne en flagrant délit de concentration. Et j'annonçais que si nous ne maintenions pas la paix, pour réorganiser l'armée et réaliser une préparation qu'on disait exister et qui n'existait pas, nous serions surpris comme l'Autriche.

« lice Caussidière, considéré comme le ferme rempart de l'or-
« dre, caressé, fêté par tous les bourgeois conservateurs de
« Paris, et, finalement, réunissant, pour entrer à l'Assemblée
« nationale, le chiffre incroyable de 148,000 voix, que personne
« n'a atteint depuis !

« C'est qu'en effet l'absence de croyances religieuses, les
« longues prospérités de la paix, le culte de l'argent ont livré
« la classe intelligente et raisonnante de notre pays, à l'homme
« ou à la chose qui lui assure la sécurité des intérêts matériels
« et la possession du moment, quel que soit l'homme et quelle
« que soit la chose.

« Au milieu de tant de naufrages révolutionnaires, un prin-
« cipe avait cahin caha surnagé, le principe de la légalité. Des
« hommes considérables dans le pays, tendant d'ailleurs à des
« buts politiques très-divers, avaient cherché à faire prévaloir
« ce principe autour duquel commençait à se faire un certain
« travail de l'esprit public. Ce travail et la force qu'y pouvait
« trouver un jour la société en péril sont anéantis en vingt-
« quatre heures !

« D'autre part, l'armée avait puisé jusqu'ici dans sa mission,
« qui était d'assurer le règne de la loi, mission pleine de gran-
« deur, d'austérité et indépendante des personnes et des choses,
« une ferme confiance en elle-même et un légitime prestige
« devant la nation. Aujourd'hui, l'armée n'est plus qu'un instru-
« ment politique. Elle défait la loi à coups de fusil, elle la

Nous avons été surpris dans les conditions indiquées, et c'est là la cause principale des désastres que nous avons rencontrés coup sur coup, dès l'origine de la guerre.

Au commencement du mois d'août, seul entre tous les généraux de l'armée, par suite de circonstances qui n'auraient pas leur place ici (1),

« refait le lendemain à coups de vote, et la voilà toute fière de « la prétendue importance qu'elle vient d'acquérir dans l'Etat !

« O bonnes gens, gardez votre joie ! Vous m'avez traité de « visionnaire, quand je vous dénonçais le retrait par le pouvoir « de la loi du 31 mai, en vue de préparer la ruine de l'Assem- « blée ; d'illuminé, quand je vous révélais l'existence probable « d'un complot militaire prêt à éclater dans Paris. Aujourd'hui « je vous affirme que, à moins que la Providence ne change « par quelque haute faveur spéciale le cours de vos destinées, « l'édifice où vous allez vous abriter s'écroulera sur vos têtes « et vous écrasera !

« J. TROCHU. »

(1) J'avais été réservé pour commander sur les Pyrénées un corps d'armée (qui n'existait pas), en vue d'arrêter les entreprises des Espagnols, s'ils avaient admis la candidature du prince de Hohenzollern et s'étaient conséquemment alliés avec la Prusse, ce qui était une fiction ; et plus tard pour commander un corps d'armée chargé d'agir dans la Baltique, opération d'un haut intérêt stratégique et politique, mais qui aurait dû être longuement préparée, qui ne l'était à aucun degré, et ne put avoir lieu.

C'est aussi après la nouvelle de la défaite de Reischoffen, que

j'étais à Paris, quand y arrivèrent les douloureuses nouvelles des défaites de Wissembourg, de Reischoffen et de Forbach. A ce moment, j'entrevis les conséquences redoutables qu'aurait pour l'armée restée autour de Metz, un effort trop longtemps continué sur ce point. J'aperçus en même temps la haute importance du siége de Paris, et je cherchai à faire arriver ces craintes et ces prévisions jusqu'à l'Empereur, par un des officiers les plus autorisés de son entourage. J'écrivis dans ce but une lettre dont je vous demande la permission de vous donner

la présidence du conseil avec le ministère de la guerre, me fut offerte. Les intermédiaires de cette négociation furent : le président Schneider et le vice-amiral Jurien de la Gravière, aide-de-camp de l'Empereur, qui me fut directement envoyé par l'Impératrice.

Je leur déclarai qu'obligé d'expliquer devant l'Assemblée la cause de nos désastres par les fautes du Gouvernement, je le compromettrais au lieu de le servir, et que je me ferais à moi-même une situation fausse qui aurait les apparences de la déloyauté.

Le président Schneider dit qu'on pouvait penser tout ce que je pensais sur ce point, et ne le pas dire. Le vice amiral Jurien de la Gravière fut d'un autre avis, approuvant hautement mes scrupules et ma résolution de décliner l'honneur qui m'était offert.

C'est à mon refus que le général de Palikao fut nommé président du conseil et ministre de la guerre.

lecture, parce qu'elle présente la question militaire sous un aspect qui montre à quel point les conditions de la guerre se seraient modifiées, si l'armée du maréchal Bazaine s'était repliée de Metz sur Paris :

Paris, le 10 août 1870.

« Si haute que soit l'importance des événe-
« ments qui paraissent devoir se passer entre
« Metz et Nancy, celle des événements complé-
« mentaires qui pourront se passer à Paris, au
« double point de vue politique et militaire,
« n'est pas moindre. Il y a là, vous le croirez
« sans peine, des périls spéciaux qui peuvent
« faire explosion d'un jour à l'autre, par suite
« de la tension infinie de la situation, quand
« l'ennemi viendra déployer ses masses autour
« de la capitale. Il faut la défendre à tout prix,
« avec le concours de l'esprit public qu'il s'a-
« gira d'entraîner dans le sens du patriotisme
« et des grands efforts.

« Si cette défense est active et vigilante, si
« l'esprit public tient ferme, l'ennemi se repen-
« tira de s'être engagé si loin dans le cœur du
« pays.

« Dans cette idée, j'exprime l'opinion dont

« le développement suit : le siége de Paris peut « être longuement disputé, à la condition né- « cessaire pour tous les siéges, impérieusement « nécessaire pour celui-là, que la lutte soit ap- « puyée par une armée de secours. Son objet « serait d'appeler à elle tous les groupes qui « seraient ultérieurement organisés dans le « pays, d'agir par des attaques répétées contre « l'armée prussienne, qui serait par suite inca- « pable d'un investissement complet, et de « protéger les chemins de fer et les grandes « voies du Sud par lesquelles se ferait l'appro- « visionnement de la ville.

« Cette armée de secours existe, dit-on au « ministère. Mais ce sont là de futurs contin- « gents tout aussi incertains que ce qu'on a es- « péré des régiments de marche, que ce qu'on « a espéré des régiments de mobiles qui peuvent « être et seront d'un grand secours plus tard, « mais non pas dans le moment présent et im- « médiat.

« Je crois qu'il faut que l'armée de secours « de Paris soit l'armée qui est réunie devant « Metz, et voici comme je l'entends : le répit « que vous donne l'ennemi veut dire qu'il éva-

« cue ses blessés, fait prendre leur équilibre à « ses têtes de colonne, et qu'il opère sa con- « centration définitive. Elle comprendra trois « armées, dont l'une au moins aura la mission « de vous tourner. L'effort lui coûtera cher, « mais il sera soutenu par des forces considé- « rables et incessamment renouvelées. Si vous « tenez trop longtemps ferme devant Metz, il « en sera de cette armée, qui est le dernier « espoir de la France, comme il en a été du « premier corps qui a péri après de si magni- « fiques preuves. *Je crois qu'il faut que cette ar- « mée de Metz étudie soigneusement et prépare la « ligne d'une retraite échelonnée sur Paris, les « têtes de colonne livrant bataille sans s'engager à « fond et arrivant à Paris avec des effectifs qui « devront suffire pour remplir l'objet de premier « ordre que j'ai indiqué; nous ferons ici le reste.*

« Adieu, bon courage et bon espoir ! »

J'ai dû citer cette lettre, messieurs, parce qu'elle a caractère d'authenticité par suite des circonstances que voici : elle fut lue aux officiers généraux qui entouraient l'Empereur et approuvée unanimement, portée à l'Empereur qui l'approuva également, et des ordres étaient déjà donnés dans ce sens, quand des avis venus de Paris exprimèrent que cette retraite serait pleine de périls politiques. L'armée de Metz resta dans la situation où elle a succombé.

Ce récit établit nettement que l'idée première du siége de Paris reposait sur l'existence préalable d'une armée de secours; que cette armée de secours devait être l'excellente armée du maréchal Bazaine, de 150,000 hommes, à laquelle se serait jointe l'armée éprouvée, mais encore debout, du maréchal Mac-Mahon, de 100,000 hommes, en tout 250,000 hommes autour de la capitale qui devenait l'inébranlable point d'appui de toutes leurs entreprises! Paris, dans ces conditions, n'aurait pu être investi et aurait indéfiniment tenu tête à l'ennemi. C'était peut-être la France sauvée. Et ce que j'ai voulu exprimer encore, c'est que cette armée manquant à Paris, c'était toute la combinaison renversée, et Paris gravement compromis.

Désigné par le ministre de la guerre pour commander le 12ᵉ corps qui s'organisait au camp de Châlons, j'arrivai à la gare du camp le 16 août au soir, au moment où le train impérial y arrivait aussi venant de Metz. Les officiers qui entouraient l'Empereur me dirent que la sécurité du train avait été un instant compromise, entre Metz et Verdun, par suite du voisinage des colonnes ennemies. Ainsi le mouvement tournant que j'avais craint et annoncé, s'effectuait !

Le lendemain, 17 août, il y eut chez l'Empereur une conférence, une sorte de conseil de guerre où je fus appelé. Étaient présents : l'Empereur, le prince Napoléon, le maréchal de Mac-Mahon, le général Berthaud, commandant les mobiles de la Seine, le général Schmitz, chef d'état-major général du 12e corps. Je crois me rappeler que pendant la conférence, le général de Courson, préfet du palais, entra et demeura.

L'Empereur, qui me parut très-calme, nous demanda ce que nous pensions de la situation et ce qu'il convenait de faire. C'est à notre réponse que se rattache directement l'origine tout à fait inconnue du siége de Paris.

A l'unanimité, par l'organe du prince Napoléon, qui parla le premier avec un esprit très-ferme et dont j'appuyai vivement l'opinion, la conférence exprima textuellement ce que je vais dire :

« L'Empereur a momentanément abandonné « le gouvernement, en allant prendre le com- « mandement de son armée. Il vient d'aban- « donner le commandemant et l'a remis aux « mains du maréchal Bazaine. En fait, il a « abdiqué le gouvernement et le commande- « ment. S'il ne veut pas abdiquer tout à fait, il « faut qu'il reprenne ou le gouvernement ou le « commandement. »

L'Empereur reconnut que cet exposé était conforme à la réalité des faits.

La conférence fut encore d'avis qu'il était impossible que l'Empereur, dans les circonstances présentes, reprît le commandement, et qu'il ne lui restait plus en conséquence qu'à ressaisir d'une main ferme le gouvernement.

L'Empereur adopta ces vues.

Le prince Napoléon ajouta que, pour que l'Empereur reprît le gouvernement avec quelque sécurité, il fallait qu'il fût préalablement annoncé à la population de Paris, par un officier général qui l'y précéderait, prendrait le commandement en chef des troupes avec le titre de gouverneur, et préparerait moralement et militairement l'arrivée du souverain ; qu'enfin, par suite de circonstances que le prince indiqua, j'étais l'homme expressément désigné pour remplir cette mission.

L'Empereur, se tournant vers moi, me fit l'honneur de me demander s'il me convenait de l'accepter. Je lui répondis : « Sire, dans la si-
« tuation pleine de périls où est le pays, une
« révolution le précipiterait dans l'abîme. Tout
« ce qui pourra être fait pour éviter une révo-
« lution, je le ferai. Vous me demandez d'aller
« à Paris, de prendre le commandement en
« chef, de vous annoncer à la population, je
« ferai tout cela ; mais il est bien entendu que
« l'armée du maréchal Mac-Mahon devient
« l'armée de secours de Paris, car nous allons
« à un siége. »

L'Empereur acquiesça, annonçant qu'il arriverait à Paris quelques heures après moi. Le maréchal de Mac-Mahon avait déclaré qu'il croyait que c'était là la véritable destination de son armée, laquelle, après ses efforts et ses épreuves, avait besoin d'être réorganisée avant d'aborder de nouveau l'ennemi.

La conférence fut levée à onze heures et demie. Elle avait abouti à la convention verbale dont voici les termes précis :

« Le général Trochu, nommé gouverneur « et commandant en chef, partira immédiate- « ment pour Paris. Il y précédera l'Empereur « de quelques heures. Le maréchal de Mac- « Mahon fera ses dispositions pour se diriger « avec son armée sur Paris. »

Et je recevais à cette occasion l'ordre suivant :

« Camp de Châlons, 17 août 1870.

« Mon cher général,

« Je vous nomme gouverneur de Paris et « commandant en chef de toutes les forces « chargées de pourvoir à la défense de la capi- « tale. *Dès mon arrivée à Paris*, vous recevrez « notification du décret qui vous investit de ces « fonctions ; mais d'ici là, prenez sans délai « toutes les dispositions nécessaires pour ac- « complir votre mission. »

« Recevez, mon cher général, l'assurance de « mes sentiments d'amitié. »

« NAPOLÉON. »

Cette même nuit, le 18 août, à une heure du matin, j'arrivais aux Tuileries auprès de l'Impératrice-Régente. Je la trouvai pleine de fermeté, pleine de courage, mais exaltée et défiante de moi.

— « Général, me dit-elle, — et je cite ici « textuellement, — les ennemis seuls de l'Em« pereur ont pu lui conseiller ce retour à « Paris, il ne rentrerait pas vivant aux Tuile« ries. »

— « Alors, madame, je suis des ennemis de « l'Empereur. J'ai contribué, avec le prince « Napoléon, avec le maréchal de Mac-Mahon, « avec tous les généraux qui formaient hier la « conférence de Châlons, à lui faire considérer « son retour à Paris, comme un acte de virilité « gouvernementale qui pouvait écarter une ré« volution. J'ai accepté le mandat plein de pé« rils pour moi-même, et assurément imprévu « eu égard à la situation que l'Empire m'a faite, « de venir annoncer ici l'Empereur à la popu« lation. Le maréchal de Mac-Mahon se dirige « sur Paris. Un gouvernement de défense et « une armée vont s'y réunir pour tenter de sau« ver le pays dans la crise effroyable où il est.

— « Non, général, l'Empereur ne viendra pas à Paris ; il restera à Châlons.

— « Mais alors, la convention en vertu de laquelle je viens ici n'est plus tenue.

— « Vous défendrez Paris; vous remplirez votre mission sans l'Empereur. »

Et en effet, messieurs, je venais à Paris avec l'ardente passion, fort ancienne dans mon esprit, — je vous l'ai montré par la lettre du 10 août que j'ai eu l'honneur de vous lire, — de défendre Paris. J'étais décidé, dans ce but, à ne reculer devant aucune amertume, devant aucun sacrifice, et je crois que toute ma conduite, alors et depuis, en a été la preuve.

— « Madame, je défendrai Paris sans l'Empereur et je mets sous vos yeux ma première proclamation. »

Cette proclamation commençait ainsi :

« Devant les périls qui menacent le pays, l'*Empereur* m'a nommé gouverneur de la capitale en état de siége... »

— « Général, dit l'Impératrice-Régente en m'arrêtant dans cette lecture, il ne faut pas que le nom de l'Empereur figure dans une proclamation, à l'heure présente. »

— « Mais, madame, je suis le délégué de l'Empereur ; je ne puis pas parler à la population de Paris sans mettre l'Empereur devant moi et dire que c'est par son ordre que je viens défendre la capitale.

— « Non, général, il y a, croyez-moi, des inconvénients, dans l'état des esprits à Paris, à laisser subsister cette indication. »

Et l'indication disparut.

Messieurs, ce fait est considérable pour moi, parce qu'il prouve que je remplissais avec une loyale fidélité le mandat que j'avais reçu, quoique la principale condition n'en fût pas tenue ; et que j'ai été, parmi les serviteurs de l'Empereur, l'un des derniers, peut-être le dernier, qui ait voulu que son nom restât dans les actes publics.

Je me présentai chez le ministre de la guerre. Il me reçut mal. Il me dit qu'il était, devant le Corps législatif, en possession d'une situation, d'une autorité qui lui permettaient de conduire utilement les difficiles affaires du moment ; que j'allais apporter autour de lui le désaccord et le trouble.

Je lui répondis que je faisais un acte de

dévouement et de sacrifice ; que je le faisais parce qu'on me l'avait demandé ; que je le faisais avec la ferme intention de remplir loyalement mon mandat jusqu'au bout ; que ce mandat consistait à défendre Paris qui allait devenir défendable, parce que les efforts de Paris seraient appuyés par l'armée du maréchal de Mac-Mahon.

Le ministre se récria. Il dit que mes idées sur la guerre étaient fausses (1) ; que l'armée du maréchal de Mac-Mahon ne viendrait pas sous Paris ; qu'il s'y opposait absolument ; qu'au contraire, de tous les points de la France et de Paris en particulier, tous les jours, il faisait partir, pour le théâtre des opérations, toutes les troupes et tout le matériel qui pouvaient être réunis ; que le 13e corps, qui venait d'être formé dans la capitale, s'acheminait vers cet objectif ; que troupes et matériel apporteraient à l'armée en péril un appoint considérable et qui la dégagerait.

(1) Ces idées ont été énergiquement soutenues, dans le Conseil de défense que je présidais, par une majorité qui formait la presque totalité du Conseil et où figuraient M. Thiers, le général Guiod, commandant en chef l'artillerie, le général Chabaud la Tour, etc., etc.

Je combattis avec toute l'énergie dont j'étais capable ces résolutions. Je dis au ministre que tout ce qui serait expédié vers le théâtre de la guerre, les hommes et le matériel, irait disparaître dans le gouffre commun ; que Paris, dans les circonstances présentes, était le véritable et l'unique centre de la défense nationale, et que c'était là qu'il fallait réunir toutes les forces disponibles ou à former.

Le général de Montauban, persistant dans ses résolutions, me répondit que le siége de Paris était un futur contingent auquel il pourvoirait avec des compagnies de marche qui se formaient dans tous les dépôts d'infanterie, avec cent mille mobiles tirés des départements et avec la garde nationale.

Cette conversation avait lieu en présence de trois témoins dont l'un était mon chef d'état-major général.

Je me séparai du ministre de la guerre dans un état de dissentiment profond avec lui, dissentiment qui ne fit qu'augmenter tous les jours. Je dois dire ici que je n'incrimine en aucune façon, ni directement, ni indirectement, les intentions du général de Palikao. Il était pénétré de ses vues, j'étais pénétré des miennes; nous étions en désaccord.

Le conseil de l'Impératrice était composé des ministres, du conseil privé, du président du Sénat, du président du Corps législatif. J'assistais au conseil et là je rencontrais tous les jours de grandes défiances. Ceux qui me les montraient, ne se laissaient pas désarmer par ma sincérité et ma loyauté. Un jour, vivement interpellé sur la question de savoir comment j'entendais, en cas d'insurrection, défendre le Corps législatif et les Tuileries, je répondis : « L'Empire est à la merci d'un nouveau dé-« sastre militaire. Si ce désastre se produit, ne « croyez pas que vous puissiez, ayant perdu « une quatrième bataille devant l'ennemi, en « gagner une dans Paris sur la population de « Paris. Il faut, par l'autorité morale prévenir « le conflit. Celle dont je dispose, je l'offre « tout entière au Gouvernement, convaincu « qu'il ne doit pas compter sur les baïonnettes « de la troupe pour le soutenir. Je vous en « prie, croyez-en mon expérience, laissez-moi

« tenter d'écarter par des efforts personnels et « d'ordre moral, la possibilité de ce conflit « avant qu'il naisse ; aussi bien vous n'avez pas « de garnison. »

En effet, le 13e corps formé par le général Vinoy, et qui était la véritable garnison de Paris, venait d'être dirigé vers le théâtre de la guerre. Il ne restait plus dans la capitale, avec la garde de Paris et la gendarmerie, que le 14e corps qui complétait sa formation, un corps absolument improvisé.

Ces paroles, qui étaient la ferme expression de mes convictions morales et militaires, furent le commencement de ma disgrâce définitive. Le ministre de la guerre, le président du Sénat, le président du Corps législatif, et après eux l'Impératrice-Régente virent dans cette déclaration, la justification de leurs défiances. On dit que je ne voulais pas combattre ; on dit qu'il y avait certainement possibilité, même dans la douloureuse circonstance que je prévoyais, de défendre l'Assemblée, de défendre les Tuileries. J'exprimai que je ne laisserais assurément échapper aucun moyen militaire d'atteindre ce but, mais qu'il serait déraisonnable de croire que la troupe, aussi profondément troublée que la population elle-même, voulût combattre. Et c'était la vérité, messieurs, la vérité qui se reproduit toujours dans les mêmes circonstances, qui a réglé ma conduite pendant le siége de Paris, et que vous-mêmes, dans des conditions qui avaient de l'analogie avec celles-là, avez éprouvée dans la douloureuse journée du 18 mars !

A partir de cette crise, car ce fut une crise, je ne me rendis plus au conseil. Je m'aperçus que le département de la guerre n'avait plus de relations avec moi, et, un jour, à mon grand étonnement, je constatai qu'un Prussien, arrêté comme espion, sur la Loire, du côté de Gien, allait être fusillé ; que, par conséquent, son procès avait été instruit et que les ordres avaient été donnés pour l'exécution, sans que le gouverneur de Paris, chef responsable de la justice militaire dans l'état de siége, en eût été informé ! J'allai au conseil, je déclarai que, malgré ma ferme résolution de ne pas me retirer, j'y serais forcé, parce qu'il était de toute évidence pour moi, que le ministre exerçait directement le commandement à Paris, sans mon intermédiaire, même dans les services dont la loi m'attribuait la responsabilité exclusive ; qu'enfin ses ordres passaient par-dessus moi, pour aller à mes subordonnés.

La majorité du conseil parut me donner raison, et le ministre de la guerre, au plus haut point irrité, se leva, donna sa démission et sortit. Il fallut l'intervention toute personnelle et très-active de l'Impératrice-Régente pour ramener le général de Palikao, me ramener moi-même, et concilier les difficultés d'une situation si violemment tendue.

Ultérieurement, j'acquis par d'autres faits, la certitude que le ministre de la guerre avait interrompu ses rapports avec le gouverneur de Paris, jusqu'à ce point qu'il ne l'informait pas des progrès de la marche de l'ennemi, dont l'aile gauche cheminait vers la capitale. Je m'en plaignis ; le ministre me répondit que je n'avais pas qualité pour être associé aux secrets du Gouvernement. J'ai là, à mon dossier, une lettre qui constate ces faits (1).

(1) Je reproduis ici cette lettre officielle que je n'ai pas lue,

A cette époque, mes journées presque tout entières se passaient aux fortifications, car nous étions, eu égard à l'arrivée prochaine de l'ennemi, dans des conditions de retard fort inquiétantes.

Le 3 septembre au soir, revenant à la nuit des forts du Sud, un officier général (le général Guiod), me voyant passer dans la rue, m'arrêta et me dit : « Un grand désastre à Sedan ! La « nouvelle en est arrivée cette après-midi à « Paris. L'agitation de la ville est au comble. »

Je hâtai mon retour vers le Louvre où m'at-

pour abréger, autant qu'il était en moi, la longueur infinie de l'exposé que j'avais à faire à l'Assemblée.

Cabinet du Gouverneur de Paris. Paris, le 25 août 1870.

Monsieur le Ministre,

Permettez-moi de vous assurer qu'il n'est jamais entré dans ma pensée de chercher à pénétrer les secrets du Gouvernement, à quelque point de vue que ce soit. Je puis dire que je n'y ai aucun intérêt comme aucune prétention, et que j'ai bien assez à faire pour arriver à des informations, précises sur la mission difficile et improvisée que le Gouvernement m'a fait l'honneur de me confier.

Je me borne à établir les faits suivants :

Au moment où je prenais possession de mon commande-

tendaient mes officiers; j'avais des ordres à donner pour prévenir les résultats possibles de cette crise. Là, messieurs, je trouvai sur mon bureau un document qui est d'origine providentielle, car il ne m'était pas dû, et je n'avais aucune raison de l'attendre. C'est à la loyauté d'un officier général, le général Soumain, commandant sous mes ordres les troupes de la 1re division militaire, très-honorablement connu dans l'armée, que je le dois. Sans lui, je ne pourrais pas constater, autrement que par mes affirmations personnelles les faits que je vais

ment, l'ennemi occupait la ligne de Nancy à Bar-le-Duc où ses éclaireurs venaient seulement d'arriver. Je rapportais ces renseignements du camp de Châlons. Depuis huit jours que je suis installé, l'ennemi a fait brusquement à-gauche marchant vers le Sud-Ouest, c'est-à-dire vers Paris. Les journaux ont annoncé qu'il s'était successivement montré à Saint-Dizier, à Joinville, à Vassy, etc. Ils disent aujourd'hui qu'il arrive à Troyes, à Sézanne, etc., etc. S'il en est ainsi, il se porte sur la capitale avec une vitesse de près de 5 lieues par jour (qui me paraît extraordinaire pour de gros effectifs), et quand je considère l'état des préparations de la défense, incomplète au plus haut point malgré les efforts énormes qui sont faits, je dois reconnaître que la ville et ses défenseurs pourraient être surpris, par l'arrivée des colonnes ennemies, dans des conditions morales et matérielles on ne peut plus défavorables.

Or, Monsieur le Ministre, pendant toute cette période, je n'ai reçu du Gouvernement, ni verbalement ni par écrit, ni directe-

dire. Cette lettre est officielle ; elle prouve que, ainsi que j'en avais depuis longtemps le sentiment, l'armée de Paris était directement commandéepar le ministre de la guerre :

1re Division militaire
—
Cabinet du Général
—
N° 4041.

Paris, *le* 3 *septembre* 1870.

« Mon général,

« Le ministre de la guerre vient de m'adresser une lettre par laquelle, en prévision des manifestations contraires à l'ordre qui pourraient avoir lieu ce soir dans Paris, il me prescrit de prendre immédiatement les dispositions

ment, ni indirectement, à titre confidentiel ou autrement, aucune communication quelconque relative à ces mouvements de l'armée prussienne. La défense de Paris en est réduite sur ce point qui est capital pour elle, aux on-dit des journaux et des porteurs de nouvelles.

Telle est la situation que j'ai cru devoir vous signaler, avec toute la respectueuse déférence que je dois à votre haute position de Ministre de la guerre responsable et Président du conseil.

Veuillez agréer, Monsieur le Ministre, l'hommage de mon respect.

Général Trochu.

nécessaires pour réprimer toute tentative de désordre.

« Je m'empresse d'avoir l'honneur de vous en informer... (*c'était mon sous-ordre qui m'informait*) ...en vous faisant connaître que, dans chaque caserne, il y a un bataillon prêt à marcher; les deux bataillons de gendarmerie à pied et deux escadrons du régiment de gendarmerie à cheval caserné au palais de l'Industrie, doivent également se tenir prêts. Je n'ai reçu aucun avis de M. le préfet de police, à qui je viens d'envoyer un officier pour être renseigné sur la situation.

« Le bataillon de garde au Corps législatif y a été maintenu, et il a reçu des vivres par les soins de M. le président Schneider.

« Le général Mellinet (*qui était aux Tuileries sans que je le susse*) a été prévenu, ainsi que le général commandant le 14e corps, des dispositions que j'ai prises.

« Veuillez agréer, mon général, l'hommage de mon respect.

« Le général commandant la 1re division militaire,

« Soumain. »

Je n'ai jamais parlé de cette lettre au général Soumain; j'étais bien loin de prévoir qu'un parti m'accuserait un jour de n'avoir pas pris toutes les dispositions nécessaires pour sauvegarder l'Assemblée; qu'il pousserait le mépris de la vérité jusqu'à m'accuser d'avoir pris, au contraire, toutes les dispositions nécessaires pour qu'elle ne fût pas sauvegardée, car on a été jusque-là!

Oui, cette lettre du 3 septembre, que j'appelle providentielle (1), lue en présence de tous mes officiers, qui en furent frappés comme moi et me pressèrent de donner ma démission, cette lettre attestait que j'étais la victime de dispositions contraires au principe du commande-

(1) Au moment où je faisais à l'Assemblée nationale cet exposé, j'ignorais absolument qu'il existait une autre circonstance (que m'a revélée, après la séance, un député, ancien membre du Corps législatif) non moins providentielle que la lettre du général Soumain, et encore plus décisive.

Au commencement de la séance du dimanche 4 septembre, le ministre de la guerre, sommé de faire connaître les dispositions prises pour la garde de l'Assemblée, expliqua que j'avais le commandement des troupes chargées d'occuper l'enceinte et les forts, mais qu'il avait gardé le commandement des troupes dans l'intérieur de Paris, et que j'avais moi-même reconnu cette distinction.

Je ne l'avais jamais reconnue, car les ordres de l'Empereur,

ment, et qui avaient pour origine le peu de confiance que j'inspirais.

Oui, il est surabondamment constaté par la succession des faits, par cette lettre, que le sentiment du devoir militaire a arrachée à l'un de mes plus dignes subordonnés, que tous les ordres pendant cette crise ont été donnés en dehors de moi et par-dessus moi!

Et ce que je dis là pour la troupe, je le dis pour la garde nationale. Elle était commandée

confirmés par une lettre de service, me donnaient le commandement de toutes les troupes. J'avais seulement reconnu, selon mon devoir étroit, que j'étais le subordonné du ministre de la guerre chef de l'armée, et que par conséquent il avait le droit de donner des ordres à mes troupes; *mais seulement et toujours par mon intermédiaire*, à peine d'effacer tout à la fois mon commandement et ma responsabilité.

Le ministre termina sa discussion devant la Chambre par ces paroles significatives : « De quoi vous plaignez-vous? Que je « vous fais la mariée trop belle? Comment! *Je mets autour du « Corps législatif un nombre de troupes suffisant pour assurer « parfaitement la liberté de la discussion*, et vous vous en « plaignez! Si je n'en mettais pas, vous vous plaindriez que je « livre le Corps législatif à des pressions extérieures. »

(*Journal officiel* du 5 septembre 1870.)

Le ministre ne pouvait dire plus catégoriquement et plus officiellement, que lui-même avait donné des ordres pour la garde de l'Assemblée et qu'il lui garantissait, sous sa responsabilité, la sécurité de ses délibérations.

par un homme loyal et excellent, mon vieil ami le général de Lamotterouge, fidèlement attaché à l'Empire, et qui, depuis quelques jours et sur ma désignation, avait été mis à la tête de la garde nationale. Le général de Lamotterouge ne m'a pas écrit, je ne crois pas l'avoir vu ce jour-là ; mais il dira que les choses se sont passées pour la garde nationale comme pour les troupes, c'est-à-dire qu'il n'a reçu de moi, soit le 3, soit le 4 septembre, aucun ordre particulier, en dehors des ordres généraux de service.

Dans la matinée, je me rendis aux Tuileries ; je vis l'Impératrice-Régente, entourée de beaucoup de personnes inquiètes. Elle-même était calme. Je lui dis ces courtes paroles : « Madame, « voilà l'heure des grands périls; il se passe « ici des choses étranges, mais ce n'est pas le « moment d'en parler et ce n'est pas le mo« ment de récriminer. Je reste à mon poste, et « je ne vous abandonnerai pas. Mais soyez sûre « que la crise est profonde; soyez sûre que ce « que j'ai dit l'autre jour au conseil était la « vérité. »

Dans la journée, je ne reçus ni du ministre,

ni des Tuileries, ni d'aucun des points d'où je pouvais recevoir des ordres ou des avis, aucun ordre, aucun avis.

Vers une heure de l'après-midi, le général Lebreton, questeur du Corps législatif, se présenta à moi inopinément. — Je vois d'ici le digne général Lebreton dans la tribune des anciens députés; il me contrôlera. — « Général, « me dit-il, le péril est à son comble. Une « foule immense se presse autour de l'Assem- « blée et va l'envahir; les troupes se sont laissé « immédiatement pénétrer par la multitude. « Vous seul, par une intervention personnelle, « pourriez peut-être dominer la tempête. »

Je répondis au général Lebreton : « Général, « je suis ici la victime d'une situation sans « précédents. En fait, je ne commande rien; « en fait, les troupes que vous avez vues, ont « été postées par des ordres qui ne sont pas « les miens. » — Messieurs, je ne veux pas prétendre que si j'avais donné ces ordres, la situation eût été différente, et que si j'avais réellement exercé le commandement, l'événement eût tourné autrement. Je suis convaincu du contraire. Je veux dire seulement que j'ai été la victime d'une combinaison qui a donné lieu à des bruits abominables. Ces bruits ont tourné bien longtemps autour de moi, mais j'ai dédaigné d'en faire justice autrement et ailleurs que devant mes véritables juges, l'Assemblée nationale. — « Vous voulez, — dis-je « au général Lebreton, — que seul, je puisse « arrêter un demi-million d'hommes qui se « pressent, me dites-vous, vers l'Assemblée ! « Vous savez comme moi, — votre vieille ex- « périence, plus grande que la mienne, —sait « qu'il y a là une impossibilité absolue. Un « seul homme n'arrête pas les foules en dé- « mence, mais cet effort que vous venez me « demander au nom du Corps législatif, con- « vaincu qu'il ne peut aboutir, je le tenterai « néanmoins. »

Quelques minutes après je montais à cheval sous les yeux du général Lebreton, et je me dirigeais vers le Corps législatif, prescrivant au général Schmitz, chef de l'état-major général, de se rendre auprès de l'Impératrice, pour l'informer de ce que j'allais tenter.

J'étais accompagné de deux aides de camp.

Je traversai assez facilement la cour du Carrousel, quoiqu'elle fût pleine de monde, mais personne n'en voulait aux Tuileries, et ce monde était relativement calme. Arrivé au delà du guichet, pénétrant laborieusement au milieu de cette foule immense qui commençait au Pont-Neuf et allait au delà des Champs-Élysées, je fus le témoin affligé et effrayé d'un spectacle que je n'avais jamais vu jusque-là, quoique j'eusse été présent à Paris aux révolutions de 1830 et de 1848. Une multitude innombrable d'hommes, de femmes, d'enfants, absolument sans armes, irritée, affolée, bienveillante, menaçante, s'agitait autour de moi et m'empêchait d'avancer. Des hommes, à figure sinistre, dix fois, se jetèrent sur mon cheval, le saisirent par la bride, et me dirent : « Crie : « Vive la Sociale. »

Oui ! « Vive la Sociale ! » mes souvenirs sont très-précis. Je leur dis : « Je ne crierai pas! « je ne crierai rien ! Vous voulez enchaîner « ma liberté , vous ne l'enchaînerez pas ! » Et en même temps, d'autres hommes, comprenant la gravité de ma situation, s'écriaient : « Il a raison ! »

J'arrivai ainsi, messieurs, après plus d'une heure de lutte, foulant aux pieds de mon cheval, à chaque instant et quoi que je fisse, cette multitude qui me pressait, j'arrivai à l'angle du pont de Solférino. Là je dus m'arrêter absolument, ayant perdu mes deux aides de camp qui étaient loin. J'étais comme figé au milieu de la foule et il ne m'était plus possible d'avancer, plus possible de reculer.

Je parlementai, cherchant à m'ouvrir un passage. Un homme de grande taille parvint jusqu'à moi ; je ne le connaissais pas; il était très-ému ; il me dit : « Général, où donc allez-« vous ? — Je vais tâcher de sauver l'Assem-« blée. — A l'heure qu'il est, l'Assemblée est « envahie ; j'y étais ; je vous l'affirme ; je suis « M. Jules Favre. »

M. Jules Favre ajouta : « Voilà le comble « du désastre : une révolution au milieu de la « défaite des armées ! Et soyez sûr que la dé-« magogie, qui voudra en bénéficier, jettera la « France dans l'abîme, si nous n'intervenons. « Quant à moi, je vais à l'Hôtel-de-Ville, et « c'est là que doivent se rendre les hommes « qui entendent contribuer à sauver le pays. »

Je lui répondis : « Monsieur, je ne puis « prendre à présent une telle résolution. »

Et nous fûmes séparés par la foule.

Ce n'est que très-tard, une heure après peut-être, que je pus regagner la cour du Louvre et rentrer à l'Hôtel.

Pendant que ces événements se passaient, l'Impératrice avait quitté les Tuileries. Le général Schmitz, que j'avais envoyé auprès d'elle, apprit son départ par le vice-amiral Jurien de la Gravière qui était resté au Palais.

Les historiographes officiels, dont j'ai lu les récits à ce sujet, disent le plus ordinairement : « Les principaux fonctionnaires de l'État se « pressaient autour de l'Impératrice, en ce « moment suprême, pour prendre congé d'elle ; « seul le général Trochu ne parut pas. »

Non ! je ne parus pas ! je ne parus pas parce que, au lieu d'aller offrir mes compliments de condoléance à l'Impératrice, j'allais, à cette heure-là même, défendre le Corps législatif, personnellement, par un effort que je savais devoir être impuissant, je le répète, mais que j'avais le devoir de tenter, après l'invitation que j'en avais reçue de l'un de ses questeurs, l'honorable général Lebreton.

Je poursuis, messieurs, et j'arrive très-rapidement à la fin de cette journée fatale, invoquant, après votre bienveillance, votre patience.

Deux heures après mon retour au Louvre, un groupe de personnes que je ne connaissais pas, se présenta à moi. L'une d'elles me dit : « Je suis M. Steenackers, député. Nous sommes « envoyés vers vous pour vous annoncer qu'il se « passe à l'Hôtel-de-Ville un véritable drame ; « la foule l'entoure ; des députés dont voici « les noms s'y sont réunis pour former un « Gouvernement provisoire. Mais l'Hôtel-de-« Ville n'est pas gardé, et les résolutions « auxquelles on s'arrêtera n'auront pas de « sanction quelle qu'elle soit. On a pensé que « votre nom serait une sanction et qu'il ser-« virait de ralliement aux troupes restées dans « Paris. »

Je demandai cinq minutes pour voir ma famille. Je lui dis : « L'heure de ma croix « est venue ; j'y vais, car je crois que c'est « mon devoir. Me suivrez-vous dans la voie « douloureuse ? — Oui, puisque c'est notre

« devoir. » — Et je partis pour l'Hôtel-de-Ville.

C'étaient les mêmes foules que celles du matin, mais déjà plus mêlées. Des cris — les cris que vous connaissez — se faisaient entendre. Des interpellations bienveillantes ou malveillantes, quelquefois furieuses, souvent encourageantes, arrivaient de divers côtés. Quand il s'agit de pénétrer dans l'Hôtel-de-Ville, ce fut une grande difficulté. Les cours, les escaliers, les salons étaient entièrement remplis, et par la voie détournée de petits degrés inconnus, j'arrivai jusqu'à un cabinet obscur, grand comme six fois cette tribune, où le Gouvernement provisoire se tenait.

Je ne sais si les hommes que j'apercevais là pour la première fois — excepté M. Jules Favre que j'avais vu le matin même — étaient véritablement des usurpateurs se jetant sur la proie du pouvoir; je dois dire qu'ils n'en avaient pas l'apparence. Livrés à la plus profonde émotion, ils sentaient et je sentais moi-même que nous étions en présence d'un grand péril. L'un d'eux me dit : « Général, nous « voudrions que, dans cette crise redoutable, « le pouvoir ne tombât pas entre les mains « de ceux qui sont là, à côté..... A l'heure « qu'il est, surpris par la soudaineté de l'évé- « nement, ils sont réunis, mais ne sont pas « armés ; ils le seront demain .... ; si vous « consentez à être ministre de la guerre du « Gouvernement provisoire, demain, à votre « nom se rallieront les officiers et les soldats ; « l'ordre pourra être maintenu dans Paris. »

Je répondis qu'avant de prendre une telle résolution, je devais aller rendre compte de ce qui se passait au ministre de la guerre de qui je dépendais ; et immédiatement, je me rendis au ministère où je trouvai le général Palikao livré à une profonde douleur ; il croyait que son fils, le colonel de Montauban, officier de mérite, avait été tué à Sedan. Il me reçut cette fois avec la plus grande cordialité : « Général, me dit- « il, la révolution est un fait accompli. Si vous « ne prenez pas la direction des affaires, tout « sera perdu ; si vous la prenez, tout sera peut- « être encore perdu, mais les troupes iront à « vous. »

Je rentrai à l'Hôtel-de-Ville, et je dis au gouvernement provisoire qui s'était, en mon absence, augmenté de M. Rochefort (1) : « Si vous « voulez qu'au milieu de ces douloureux évé- « nements, je sois spécialement utile, il faut « que je sois le président du Gouvernement, « (c'était M. Jules Favre qui l'avait été jusque- « là), et je fus à l'unanimité nommé prési- « dent. » Telle est, messieurs, l'histoire abrégée mais rigoureusement exacte, de ce que j'ai vu et su de la révolution du 4 septembre.

Un de nos honorables collègues, M. Conti, m'a dit, dans le 13e bureau, qu'une députation du Corps législatif s'était présentée chez moi, le 3 ou 4 septembre. J'ai certainement reçu, pendant ces jours de crise, soit individuellement, soit à l'état de groupes, un grand nombre

(1) La présence imprévue de M. Rochefort dans le Gouvernement, ne pouvait manquer de m'impressionner beaucoup. Mais je dois dire que les faits ultérieurs m'ont conduit à comprendre très-promptement les vues dans lesquelles les autres membres du Gouvernement l'y avaient fait entrer. La démagogie se divisa autour de ce nom, et, à la faveur de cette division, nous eûmes un répit de quelques jours, pendant lesquels le pouvoir nouveau put se reconnaître et prendre un commencement d'équilibre.

de députés de toutes les nuances d'opinion. Je n'ai aucun souvenir d'avoir vu parmi eux, une députation officielle venue au nom de l'Assemblée (1).

J'ignorais également, n'étant pas à l'Hôtel-de-Ville quand elle s'y est présentée, qu'une autre députation dont notre honorable collègue, M. Johnston, a annoncé qu'il faisait partie, avait vu le Gouvernement provisoire.

Mais, permettez-moi de vous le dire avec une conviction et une sincérité entières : si réellement le Corps législatif, qui était la représentation légale du pays, — personne ne le reconnaît plus nettement que moi, — avait pour but, par des députations ou par tout autre moyen, de garder la direction de la situation, telle que les événements l'avaient faite depuis le matin, oh ! je puis vous assurer que c'était absolument impossible. Quoi ! le Corps législatif de l'Empire sans l'Empire !

J'affirme, en rappelant tous mes souvenirs

(1) Il semble évident que si une députation de membres du Corps législatif avait reçu un tel mandat, les procès-verbaux de l'Assemblée en feraient mention.

des révolutions de 1830 et de 1848, que la révolution du 4 septembre est sans aucune analogie quelconque avec ces deux-là. Toutes deux étaient des crises préméditées, violentes, dans lesquelles on attaquait à main armée les établissements publics, les casernes, et toujours les Tuileries. Ici, il n'y avait pas d'hommes armés; il n'y avait pas d'établissements attaqués; les Tuileries étaient en dehors de l'entreprise. C'était un mouvement généralisé, tumultueux, qui était exclusivement dirigé vers le Corps législatif.

Eh, mon Dieu! messieurs, on peut s'en rendre compte: le Corps législatif, dont je ne parle qu'avec une très-grande déférence, la déférence que je lui dois, —je suis sincère et n'ai pas d'arrière pensée, —le Corps législatif, ai-je dit, était l'objectif de ce grand mouvement qui n'était qu'une manifestation spontanée de l'irritation et de l'angoisse publiques. On lui en voulait d'avoir voté cette guerre désastreuse, malgré le pays et malgré lui-même!

Permettez-moi, pour me donner le courage d'aller jusqu'à la fin, d'espérer que vous avez aperçu dans le récit entièrement impartial que je vous ai fait, la logique vraie des événements que la passion ou l'intérêt ont dénaturés. Je vais avoir l'honneur de vous exposer l'histoire du siége de Paris qui, elle aussi, a été complétement dénaturée. Je réponds ici directement à la proposition de MM. Louis Blanc, Victor Hugo, Peyrat, Quinet, Martin Bernard, Greppo, Tolain, Brunet, Schœlcher, Farcy, Floquet, Joigneaux, Brisson, Lockroy, Gambon, Clémenceau, Tirard, retirée par ses auteurs, reprise par notre honorable collègue, M. des Vignes.

Messieurs, les hommes si différents entre eux par leur origine, par les précédents de leur vie, par leurs vues, par leur âge, qui se sont trouvés réunis le 4 septembre, pour continuer, sous ma direction, la lutte contre l'invasion étrangère, interrompue par le désastre de Sedan, se vouaient à une entreprise désespérée! J'y entrai tête baissée, ne prenant d'autre garantie que celle de dire à mes collègues,— c'est la première parole qu'ils ont entendu sortir de ma bouche quand j'arrivai à l'Hôtel-de-Ville, — « Affirmez-vous devant moi, Dieu, la famille et la « propriété ? » M. Jules Favre me répondit par des protestations énergiques que personne, pas même M. Rochefort, qui était présent, ne contredit.

Je savais d'ancienne date la destinée où j'allais. J'avais en effet joué, depuis quinze ans, dans l'armée française, le rôle de Cassandre annonçant les malheurs de son pays, et je sentais que je devais finir tragiquement comme elle. J'avais montré sous ses divers aspects, l'erreur dangereuse qui faisait que nous considérions notre armée comme la meilleure armée de l'Europe. Elle était la meilleure en réalité; mais elle n'était plus soutenue par la force morale et par l'organisme perfectionné, nécessaires pour qu'à présent les meilleures armées soient victorieuses.

Avant les hostilités, dans les premiers jours de juillet, je me présentai chez un homme considérable dans la politique, considérable par l'honorabilité de sa vie publique et privée, et c'était cela qui l'avait désigné à mon choix :

« Monsieur, lui dis-je, la France, l'Empire et « l'armée, marchent à un désastre. J'en ai fait « connaître les causes dans l'écrit que je vous « apporte. Je vous demande d'en entendre la « lecture, *pour qu'un jour vous soyez mon té- « moin.* » La Providence a voulu que cet homme fût aujourd'hui notre collègue ; je ne l'ai jamais revu chez lui depuis ce jour-là ; je ne lui ai jamais rappelé ce souvenir. Comte Daru, soyez mon témoin !

A la même époque, je déposais chez Me Ducloux, notaire à Paris, mon testament. Ah ! il est peu d'actes dans le monde, si ce n'est cependant le plan du siége de Paris, qui ait été aussi raillé que mon testament dont une fois j'avais eu l'imprudence de parler. Tous les beaux esprits s'en sont égayés. Mais, messieurs, le testament d'un homme qui doit et qui croit mourir a une valeur, et vous me permettrez peut-être, avant qu'il soit publié, car il le sera un jour, de vous en lire quelques lignes.

« Je demande à Dieu d'écarter de mon pays les douloureuses épreuves qui le menacent. Elles différeront peu, quant à leur origine, de celles qui accablèrent le premier Empire. Dans les deux cas, la France, et plus encore son Gouvernement, les auront méritées.

« Si, par malheur, la chance tournait contre nous, si nous avions à combattre l'ennemi sur notre propre territoire, » — *on en était bien loin alors, messieurs,* — « on verrait, comme autrefois, l'opinion s'égarer dans des accusations de refus de concours, d'impéritie, de trahison contre les généraux. Il y aurait des Dupont, des Marmont, des Grouchy, des Benedeck, sur qui le Gouvernement, car c'est la loi de ces situations, ne manquerait pas de faire peser la plus lourde part qu'il pourrait de ses propres fautes, et à qui le sentiment public, conduit par un violent chauvinisme, ne pardonnerait pas les revers du drapeau et les malheurs du pays! Il y a des raisons pour que je sois l'un de ces généraux, si j'en juge par la défiance que me montre le pouvoir depuis vingt ans: et c'est pour défendre, le cas échéant, ma mémoire contre d'injustes et douloureuses imputations que, dans l'exposé qui précède, j'ai fait en quelque sorte l'histoire morale de ma vie, et que j'ai exprimé, avant les événements, les prévisions que me suggéraient l'examen impartial de ces événements et l'expérience de ma carrière.

« Je charge, en conséquence, ma femme, mes frères et mes sœurs, tous autres membres de ma famille, et tous ceux de mes vieux amis que préoccuperait l'honneur de ma mémoire, de discuter, s'il y a lieu, dans un conseil de famille, l'opportunité de la publication du présent testament, et de faire cette publication, s'ils le jugent nécessaire ou utile.

« Fait en entier de ma main, à Paris, le 21 juillet 1870, avant l'ouverture des hostilités.

« *Appendice.* Les imaginations grisées vont se refroidir ; on ne tardera pas à envisager cette guerre comme elle est ; vis-à-vis de l'Europe, par la précipitation et le coup de tête qui l'ont inaugurée ; vis-à-vis de l'ennemi, par les efforts qu'il faudra faire dans un grand désordre et avec des dépenses effrayantes, pour réaliser une préparation qu'on disait complète, et qui ne l'est pas. On va se troubler de cette découverte, on va constater que la *Marseillaise,* que les agitations guerrières de la rue, que les cris : « A Berlin ! » et même un enthousiasme sincère et généralisé » — *il semblait que j'eusse alors en vue les efforts de la province,* — « ne modifient guère le fond de cette situation pleine de périls politiquement et militairement. Je veux espérer qu'après une première bataille gagnée, cette situation s'éclaircira, en donnant ouverture à quelque honorable solution qui permettra au Gouvernement de sortir et de nous tirer de l'impasse où il nous a engagés; sinon l'Empire va périr dans cette crise et notre chère France en sera profondément meurtrie. Dieu la sauve!

« Fait en entier de ma main, à Paris, le 23 juillet 1870, avant l'ouverture des hostilités. »

Messieurs, à la fin de septembre, alors que l'investissement était un fait accompli, mes collègues, qui n'étaient pas habitués à être investis, me sommèrent de dire ce que je pensais de l'avenir de notre entreprise. C'étaient MM. Jules Favre et Ernest Picard qui avaient la parole.

Je leur répondis — ils sont là pour m'entendre — ceci textuellement : « C'est, non pas une « vérité, non pas un principe, mais un *axiome* « *militaire absolu* qu'une ville de guerre, quelle « qu'elle soit, qui n'est pas soutenue oppor- « tunément par une armée *préexistante*, finit « par tomber entre les mains de l'ennemi. Paris

« avec ses deux millions d'habitants, ses be-
« soins, ses intérêts, ses passions, Paris offre
« une application bien plus saisissante de cet
« axiome, que toute autre place de guerre ; et
« comme aucune armée française ne tient plus
« la campagne, nous sommes réunis ici pour
« commettre ensemble une héroïque folie. Mais
« cette héroïque folie est absolument nécessaire
« pour sauver l'honneur de la France. Elle est
« absolument nécessaire aussi, pour donner au
« monde frappé de stupeur devant la soudai-
« neté de nos désastres, le temps de se recueil-
« lir. » Car, messieurs, j'avais au fond de l'âme l'espérance que l'Amérique se souviendrait des compagnons de Lafayette, que l'Angleterre se souviendrait d'Inkermann, que l'Italie se souviendrait de Solferino ! J'entends parler des gouvernements, et non pas des nations qui nous ont donné d'incontestables preuves de sympathie.

On dira que cette espérance de concours était une naïveté. Oui, je reconnais aujourd'hui que c'était une naïveté militaire. Mais elle était peut-être plus respectable et l'avenir montrera qu'elle était plus politique, que l'indifférence où les gouvernements se sont enfermés devant nos malheurs !

---

(1) Avant de dire les efforts que le Gouvernement de la défense a faits, pour la guerre, pendant le siége de Paris, je dois rappeler les efforts trop oubliés qu'il a faits, pour la paix, avant le siége.

Au moment où les colonnes ennemies s'approchaient de la capitale et n'en étaient plus qu'à quelques lieues, l'esprit public était au comble de l'excitation, de l'exaltation, et soyez assurés que si, à cette heure, le Gouvernement se fût avisé de dire qu'il souhaitait la paix et qu'il allait tenter de préparer la paix, il aurait été emporté en quelques instants par la tempête de Paris. Cet effort, le Gouvernement l'a fait cepen-

(1) Cet exposé particulier, relatif aux négociations de Ferrières, a été incidemment présenté à l'Assemblée dans la séance du 2 juin, à l'occasion d'un discours de M. Amédée Lefèvre-Pontalis. Il est remis ici à la place qu'il devait avoir dans l'exposé général.

Tous les faits énoncés dans ce récit ont été extraits du *Journal officiel* du 23 septembre 1870, dont ils sont le résumé.

dant, à ses risques et périls, et le ministre des affaires étrangères, M. Jules Favre, écrivit dès le 10 septembre à M. de Bismarck pour lui demander une entrevue. Je répète que cette résolution d'entrer en négociations avec la Prusse, est l'une des résolutions les plus chanceuses et les plus énergiques qui aient pu être prises à ce moment-là. L'honneur en revient à M. Favre qui a voulu assumer seul les premières responsabilités de cette entreprise.

C'est le 19 septembre que M. Jules Favre a rencontré à la Haute-Maison, près de Meaux, le comte de Bismarck et il lui a dit : « Le roi « de Prusse a déclaré solennellement à l'Alle- « magne qu'il n'entendait pas faire la guerre « à la nation française, mais à son gouverne- « ment. Ce gouvernement vient de disparaître. « La nation, qui n'a pas été solidaire avec lui « dans cette guerre, vous le savez bien, s'en « désintéresse aujourd'hui plus que jamais, car « elle en porte lourdement le poids. Je viens « vous demander de lui faire connaître vos vues « sur la paix et vos conditions. »

Je vous prie de garder ce souvenir de la première parole du comte de Bismarck, que je cite textuellement, parce qu'elle joue un grand rôle dans la forme qu'a eue la défense de Paris. M. de Bismarck répondit : « Quelle garantie me présentez-vous ? Si dans quelques jours Paris n'est pas pris, vous aurez été emportés par la populace !

« Cependant, puisque vous voulez connaître les conditions auxquelles nous ferons la paix, en voici l'exposé général : Vous nous donnerez le Haut et le Bas-Rhin, c'est-à-dire l'Alsace, partie de la Moselle avec Metz, Château-Salins et Soissons. »

Voilà des conditions qui, dans ce temps-là, où nous n'avions pas encore touché le fond de l'abîme, étaient dures assurément. Elles exprimaient clairement les intentions de la politique prussienne : après avoir fait la guerre au Gouvernement, on faisait la guerre au pays, et on poursuivait sa destruction et son déshonneur. Le ministre des affaires étrangères le dit à M. de Bismarck ; et, cependant, malgré l'horreur de la situation que lui faisait cet exposé des conditions de la paix, il tint encore ce langage au chancelier prussien : « Vous savez bien qu'un Gouvernement comme le nôtre, né du hasard d'un événement désastreux, n'a ni qualité, ni pouvoir pour une cession de territoire. Une Assemblée nationale peut seule discuter un si douloureux sujet et le résoudre. Laissez - nous réunir une Assemblée nationale.

« — Oui, répondit M. de Bismarck, c'est vrai; une Assemblée nationale serait nécessaire; mais je ne vous la concèderai pas, parce que pour vous donner le temps de la réunir, il faudrait vous accorder un armistice, et je n'en veux pas ! »

Donc, messieurs, la question de la paix et la question de l'Assemblée nationale, dans des conditions qu'il était indispensable de rappeler, se montrent à vous sous leur vrai jour. Ce ne sont pas des questions nouvelles, comme on le croit, et le Gouvernement de la défense les a traitées avant le siége de Paris.

M. de Bismarck ayant dit cependant à M. Jules Favre, au moment où il s'en séparait, qu'il consulterait le roi sur l'armistice, le ministre des affaires étrangères se ressaisit à cette espérance, demanda un nouvel entretien, et c'est alors qu'eut lieu, le 20 septembre, l'entrevue qu'on appelle l'entrevue de Ferrières.

Là, messieurs, le comte de Bismarck tint à M. Jules Favre le langage que voici :

« Le roi consent à l'armistice et vous allez pouvoir convoquer une Assemblée nationale ; mais il nous faut des gages. Ces gages seront la reddition de Strasbourg, de Phalsbourg et de Toul. »

C'était un armistice qui coûtait bien cher, vous le reconnaîtrez ; M. de Bismarck ajouta :

Et, puisque vous devez réunir l'Assemblée nationale à Paris, il faudra nous donner en gage quelque fort dominant Paris, par exemple, le Mont-Valérien. — Mais le Mont-Valérien, c'est Paris ; et la Prusse établie au Mont-Valérien, c'est l'Assemblée nationale délibérant sous le canon de la Prusse ! Ne pourrait-on pas réunir l'Assemblée nationale en province, à Tours, par exemple ? — Oui, dit M. de Bismarck, on pourrait réunir l'Assemblée nationale à Tours. Mais il y a une quatrième condition que je ne vous ai pas fait connaître, et dont Sa Majesté ne se départira pas : il faut que la garnison de Strasbourg se rende prisonnière en Allemagne ! »

Messieurs, à ce moment-là, le petit corps

d'armée qui s'était refugié à Strasbourg, après les désastres de Wissembourg et de Reichshoffen, faisait notre consolation et notre honneur. La défense de Strasbourg, dont nous avions des nouvelles, nous avait remplis, à Paris, d'émotion et de sympathie. Mais pour un simple armistice, pour créer le *statu quo* que consacre un armistice, livrer non-seulement Strasbourg, notre grande place forte, et les deux autres places que j'ai nommées, mais encore mettre dans les mains de l'Allemagne la garnison de Strasbourg, messieurs, cela dépassait les forces du plénipotentiaire et les nôtres ! Les négociations furent interrompues !

J'espère qu'après cet exposé sincère et authentique, personne ne sera plus fondé à dire que le Gouvernement de la défense n'a rien fait pour la paix, et rien fait pour la réunion de l'Assemblée nationale. Il a tout fait pour la paix et il l'a fait seul, dans un temps où personne en France, je crois, n'aurait osé en assumer la responsabilité devant le pays livré à la stupeur et à la colère !

Il a fait un grand effort, un plus grand effort encore, messieurs, pour donner au pays, dans ses angoisses, l'appui d'une Assemblée; et il a fallu que le chancelier prussien introduisît le déshonneur entre nous et l'Assemblée, pour qu'à dater de ce jour, elle ne vînt pas prendre la direction des affaires du pays.

J'entre, messieurs, dans le vif du siége de Paris, en remerciant l'Assemblée de la bienveillance qu'elle me montre et de l'attention qu'elle me prête. Je la prie de considérer qu'à partir de ce moment, je vais envisager devant elle des événements dont j'ai et dont je revendique la responsabilité sans partage. Je n'invoquerai donc en aucun cas les erreurs ou les fautes qu'auraient pu commettre mes sous-ordres; je les couvre entièrement. Mais alors je cours le péril de paraître toujours en scène, et j'aperçois d'ici les interprétations malveillantes que cette situation peut faire naître au dehors. A l'avance, je proteste contre ces interprétations; je proteste, parce que je ne viens pas défendre devant vous ma personnalité, mais ce grand effort public qui a été le siége de Paris; et je proteste encore, parce que toute ma vie, comme les gens de Bretagne, j'ai cru fermement en Dieu; que j'ai accepté sans murmure les amertumes dont il lui a plu d'accabler la fin de ma carrière; et que si ma souffrance a eu quelques mérites, je ne veux pas les diminuer! Je dirai, après mon honorable collègue, M. Pelletan, j'aime les amers et je les crois nécessaires à la santé morale des fonctionnaires publics comme à celle des nations, et c'est sur les amers que je fonde l'espoir de la régénération de mon pays!

Je vous rappelle l'ensemble des accusations, sans en omettre aucune, dont la défense de Paris a été l'objet :

1° La garde nationale de Paris, par ses masses, vous offrait les moyens de percer les lignes d'investissement de Paris et de vous porter au dehors; vous n'avez pas su ou vous n'avez pas voulu utiliser ces grands moyens. Dans le premier cas, incapacité; dans le second cas, trahison;

2° Vous n'aviez pas de plan, et vous alliez au jour le jour des événements;

3° Les lignes d'investissement de l'ennemi n'avaient pas la valeur défensive que vous leur avez attribuée. L'ennemi n'avait pas l'effectif que vous avez annoncé. Enfin, le patriotisme de Paris, son commerce, son industrie, mettaient à votre disposition des ressources de toutes sortes dont vous n'avez pas su tirer parti.

Voilà les chefs d'accusation.

Je déclare que je les passerai tous en revue, et je crois que je n'en laisserai pas subsister un seul.

Savez-vous — vous l'avez su, mais vous ne le savez plus — quelle a été ma grande, ma principale difficulté au commencement du siége? Ç'a été d'y faire croire. La population et les militaires eux-mêmes s'y refusaient absolument. On disait : Jamais une ville comme Paris, avec son immense périmètre, ne pourra être effectivement investie, effectivement assiégée. Assiégée, il est impossible qu'elle tienne plus de quinze jours. Les plus osés allaient jusqu'à trente jours; et moi-même, il faut que je le confesse, je n'étendais pas mes espérances au-delà de soixante jours. J'étais loin de penser alors, qu'après un siége de plus de quatre mois, marqué par huit combats et par quatre batailles rangées où j'ai engagé chaque fois plus de cent mille soldats, je serais accusé de faiblesse ou de trahison ! C'est que la plupart des hommes, au milieu d'événements si accablants, jugent bien plus d'après leurs intérêts ou leurs passions du moment, que d'après la logique des faits et de leurs propres souvenirs !

Je dirai quelques mots des travaux entrepris. Il s'agissait de lutter contre un véritable anachronisme, l'anachronisme des fortifications... Celles que nous avions à utiliser avaient été très-bien conçues assurément et très-bien exécutées par des hommes du plus haut mérite ; mais pour un temps où la portée *maxima* de l'artillerie de siége était de 1,600 mètres, la portée *maxima* des canons de campagne de 800 mètres, la portée *maxima* de la mousqueterie de 3 à 400 mètres. Nous allions être aux prises avec une artillerie de siége qui portait à 7,000 mètres, des hauteurs de Châtillon jusqu'à l'île Saint-Louis ; avec des canons de campagne qui portaient jusqu'à 3,600 mètres ; avec une mousqueterie qui allait à 1,000 et 1,200 mètres. Tout était donc à refaire, et comment le refaire ? Paris, sur presque toute son étendue, était entouré de hauteurs qui le dominaient.... celles de Villejuif, de Châtillon, de Meudon, de Bellevue, de Saint-Cloud, de Montretout, d'Ormesson, de Pinson, d'Avron. Pour être en sécurité dans Paris, il aurait fallu occuper toutes ces hauteurs; pour les occuper, il aurait fallu 100,000 hommes de troupes régulières de plus, et six mois de travaux au lieu de six semaines. Et il faut considérer que la population n'ayant réellement cru au siége qu'à partir du désastre de Sedan, c'est-à-dire à partir du 4 septembre, et que l'ennemi nous ayant investi le 17, il en est résulté que le grand effort de l'esprit public dans le sens de ces travaux — cet effort a été admirable — n'a pu durer que treize jours!

Ces travaux font le plus grand honneur aux hommes dévoués qui les ont conduits et exécutés, non pas à moi qui étais tout entier aux soins généraux de la défense. Cet honneur appartient au général de Chabaud la Tour qui est membre de cette Assemblée, et à ses dignes collaborateurs. Depuis, comme il arrive toujours, on a critiqué les procédés, on a critiqué les résultats. Mais il demeure acquis que ces travaux, réalisés par cent mille bras, sous la direction du génie, au milieu du trouble et des à-coup des circonstances, ont été presque surhumains !

Je parlerai brièvement de l'armement : Les deux grands parcs d'artillerie que possédait la France, très-riches en matériel et en munitions, étaient à Strasbourg et à Metz. Nous les avons perdus avec tout le reste. A Paris, le fond de l'armement à grande portée a été formé par 200 bouches à feu de marine que l'amiral Rigault de Genouilly, antérieurement au 4 septembre, avait fait venir à Paris avec un personnel qui est devenu le personnel d'élite du siége et qui en a été l'honneur. Nous avons débuté avec un matériel de toute origine et fort décousu : des canons rayés de marine, des canons de siége, des canons à âme lisse, les uns et les autres des calibres les plus divers. Nous avons eu d'abord 500 pièces approvisionnées à dix coups chacune, puis 1,000 pièces approvisionnées à cent coups ; et dans le courant du siége nous avions plus de 2,000 pièces en batterie approvisionnées à cinq cents coups, avec des réserves.

Voilà l'effort immense que l'artillerie, qui, elle aussi, a été souvent critiquée et raillée, a su réaliser en quelques semaines ! L'artillerie du siége, comme le génie, a bien mérité du pays!

L'industrie de Paris, avec une merveilleuse activité, construisit des affûts de toute sorte. Elle nous fit des milliers de projectiles avec toutes les fontes bonnes ou mauvaises qu'elle put rencontrer. Elle alla jusqu'à tenter la fabrication, très-délicate et difficile, du canon de 7 en bronze, se chargeant par la culasse, pouvant par conséquent lutter avec avantage contre les canons prussiens. Les premiers essais furent laborieux, les seconds réussirent admirablement, et dès le mois de décembre, nous pouvions conduire à l'ennemi cent pièces françaises modernes, faites dans Paris et réalisant tous les progrès de la science la plus avancée!

Je n'hésite pas à dire que, pendant toute la période que je viens de définir, la ville de Paris, qui avait fait pour ces divers travaux d'immenses sacrifices, dont la généreuse initiative appartenait à la garde nationale et à la population, avait donné un grand spectacle et un grand exemple !

Quant au personnel des troupes, il comprenait :

60 bataillons de la garde nationale de l'Empire animés du meilleur esprit;

Les marins; — les compagnies envoyées isolément par tous les dépôts d'infanterie, avec des cadres numériquement insuffisants, sans lien entre elles, mais faisant leur devoir; — enfin une partie des mobiles de Paris dont quelques bataillons ont été très-vigoureux et disciplinés pendant la guerre, mais dont la plupart ont été trop souvent livrés à l'insubordination et au désordre, formaient la garnison des forts ;

Les 13e et 14e corps, le 14e achevant seulement sa formation. Le 13e, créé par le général Vinoy, offrait un bon commencement de cohésion. Il avait été jusqu'à Mézières pour renforcer l'armée du maréchal de Mac-Mahon, et après le désastre de Sedan, son chef était parvenu à le ramener à Paris. Dans tout cet ensemble d'infanterie figuraient seulement deux régiments de l'armée régulière, deux illustres régiments, dont je veux rappeler ici les numéros, le 35e et le 42e. L'un et l'autre, pendant le siége, ont été le fond de nos entreprises difficiles. C'est à leur tête que leur général, de glorieuse mémoire, le général Guilhem, fut tué devant Chevilly. A la fin du siége, leur effectif avait été presque renouvelé, et au second siége, vous avez entendu retentir dans les bulletins du maréchal de Mac-Mahon les numéros des 35e et 42e d'infanterie! Oui, nous n'avions dans Paris que deux anciens régiments, et par ce qu'ils ont fait, vous pouvez juger de ce qui serait arrivé, si nous en avions eu trente ou quarante. Peut-être que, même en l'absence d'une armée de secours, nous aurions résolu notre grand problème militaire!

Le génie, l'artillerie de bataille et de rempart, constitués au moment du siége, c'est-à-dire improvisés. Mais ces troupes bien commandées, dominées par les grandes traditions des deux armes, ont fait brillamment leur devoir; et les volontaires parisiens, officiers et soldats, qui y étaient entrés en très-grand nombre, ont rendu d'excellents services;

3,000 gardes républicains et gendarmes. Vous avez vu à l'œuvre ces pères de famille prêts à tous les dévouements;

6,000 gardiens de la paix, douaniers et agents

du service des forêts, qui tous ont été à l'ennemi et ont fait, pendant la durée du siége, au dedans et au dehors, les meilleures preuves;

100,000 mobiles, venus des départements avec un excellent esprit qu'ils y ont généralement rapporté; pour les former, il aurait fallu les grouper dans des casernements réguliers; j'eus l'obligation de les répartir chez les habitants de Paris, qui leur firent le plus cordial accueil. Mais les résultats d'une éducation militaire qui a de tels commencements sont inévitablement très-incomplets. Beaucoup de ces jeunes gens, pleins de simplicité et de bon vouloir, rencontrèrent, par suite de cette dispersion, des exemples et des contacts compromettants. Un seul fait vous le prouvera et je le rappelle ici parce que je me suis promis de tout dire, et parce que ce fut là l'un de mes plus profonds chagrins, près de 8,000 de ces jeunes gens, à la fin du siége, étaient atteints de maladies constitutionnelles qui montraient à quel point la civilisation de Paris les avait pénétrés!

42 compagnies et quelques escadrons de francs-tireurs ou de volontaires; quelques-uns ont bien fait leur devoir; d'autres ne l'ont pas

fait et ont pris l'habitude, dans des excursions lointaines, du désordre, quelquefois du pillage.

Quelques milliers de soldats échappés isolément de nos désastres du Rhin, particulièrement de Sedan. Ils étaient indisciplinés, et jetèrent dans l'armée de Paris des éléments de démoralisation dont les effets se firent immédiatement sentir.

Le 17 septembre, les colonnes prussiennes, par un mouvement combiné comme elles le savent faire, arrivaient sous Paris.

Imaginez, messieurs, les effets qu'auraient pu produire, à l'encontre de ce grand mouvement de concentration de l'ennemi, l'armée du maréchal Bazaine et celle du maréchal de Mac-Mahon, attaquant opportunément la tête de ces colonnes, ou les coupant sur leur direction! C'était, je crois, je l'ai déjà dit, le problème de la défense nationale résolu!

La plus considérable, qui avait passé la Seine

au sud de Paris, se dirigeait sur Versailles, objectif naturellement désigné à l'ennemi par l'importance de cette grande ville ouverte, si rapprochée de la capitale, et par l'excellente défense que forme, du côté de Paris, le fouillis inextricable des hauteurs, des vallées profondes, des bois, des villages, des habitations isolées et des murs de clôture.

Cette colonne longeait le plateau de Châtillon. 100,000 hommes m'étaient nécessaires pour la garde journalière des avancées, des forts et des remparts : je n'en avais que 85,000 à peu près en état de combattre. Je jugeai cependant, avec mon énergique et habile collaborateur le général Ducrot, qu'il fallait, coûte que coûte, disputer à l'ennemi son établissement à Versailles, et j'y consacrai 28,000 hommes (le 14e corps).

Telle est l'origine du combat de Châtillon, où plus de la moitié de nos jeunes troupes ne purent soutenir le feu de l'artillerie prussienne, et lâchèrent pied, malgré les vigoureux efforts du général en chef, de son état-major et de plusieurs corps qui persistèrent à combattre jusqu'à la fin du jour.

La journée de Châtillon et la perte du plateau nous obligeaient à nous renfermer définitivement dans nos lignes et dans la défensive.

Vous êtes juges à présent, messieurs, d'une des vicissitudes les plus caractérisées du siége de Paris et qui eut, sur l'issue de la lutte, l'influence la plus sérieuse. Je vais l'exposer, parce que personne, je crois, ne l'a aperçue jusqu'à présent :

Renfermés dans nos lignes, nous avions à utiliser cette situation pour instruire les mobiles, les jeter dans les rangs de l'infanterie, et former une armée active, indépendante de la garnison, qui nous donnât les moyens de sortir de la défensive. Ce travail dura six semaines. Il fallait encore porter de 60 à 260 les bataillons de la garde nationale, les habiller, les équiper, les armer. Ce travail dura près de trois mois.

Eh bien! pendant cette immobilité de six semaines, qui nous permit de former l'armée active de Paris, l'ennemi, avec 260,000 bras de soldats ou de travailleurs requis, établit ses lignes d'investissement que, plus tard, quand nous avons pu sortir de Paris, nous avons été impuissants à renverser. Et l'ennemi, à son tour, par suite des travaux que nous avions multipliés dans Paris et autour de Paris pendant le même espace de temps, dut reconnaître qu'il était désormais impuissant à pénétrer dans la place, soit de vive force, soit par un siége régulier, alors que les impatiences de l'Allemagne l'obligeaient à précipiter les événements. En sorte que ces six semaines de travail intérieur forcé ont eu un double effet réciproque, qui a été de rendre les lignes de l'ennemi inabordables pour nous, et les lignes de Paris inabordables pour l'ennemi. Il y gagnait plus que nous, parce que la source de ses approvisionnements ne devait pas tarir comme celle des nôtres !

L'accusation dit que les travaux défensifs des Prussiens n'avaient pas la valeur que j'avais annoncée. Il est bien vrai que dans Paris, la rumeur publique avait établi que les Prussiens avaient intercepté toutes les routes, détruit tous les ponts, constitué partout un appareil défensif extrêmement redoutable. Ces bruits, transmis par des informateurs français, étaient faux ; ils exprimaient ce que nous aurions fait nous-même, aux termes de nos habitudes et de nos traditions, si nous avions eu le rôle des Prussiens. Mais ceux-ci avaient judicieusement appliqué ce principe moderne que, pour défendre une voie, *il ne faut pas se mettre dessus*, *mais à côté*, et conserver les routes pour le mouvement des troupes, le transport des malades, du matériel, des munitions et des vivres, dont les armées ne peuvent se passer.

Ces lignes de défense latérales des Prussiens, je les ai étudiées depuis la paix; elles sont les mieux entendues et les plus fortes qu'on ait jamais vues, bien qu'elles ne puissent frapper les yeux des observateurs incompétents. Toutes les voies sont bordées d'abatis, non pas de quelques mètres d'épaisseur, comme ceux que nous plaçons sur les routes pour les intercepter, mais de plusieurs centaines de mètres et parfois d'un kilomètre. Les abords ainsi rendus inaccessibles, ils ont établi derrière ces abatis, des postes couverts qui foudroient les routes; et quand une portion de ces voies de communication offre une longue étendue en ligne droite, ils ont disposé latéralement des tambours palissadés qui flanquent ces lignes droites et les couvrent de feux. Le complément de cette défensive intelligente est fourni par l'artillerie. Des batteries fixes très-puissantes, étagées sur les hauteurs qui se commandent successivement, battent tous les sommets, tous les points par lesquels des troupes pourraient se présenter et où elles voudraient établir leur propre artillerie.

Voilà ce qui fait qu'à la bataille de Buzenval, bien que nous eussions assez facilement occupé une partie de la première crête, médiocrement défendue selon le système prussien, il nous a été impossible d'y mettre un canon en batterie. Tout canon qui arrivait, était à l'instant même détruit dans son personnel, dans son attelage, dans ses rouages.

J'expose ces faits devant les officiers compétents de l'armée française et de l'armée prussienne. Ils me contrôleront.

Je bénis le ciel d'avoir permis que j'eusse la fermeté de résister aux violentes contraintes que j'ai eu à subir, pour mener les masses de troupes improvisées que j'avais derrière moi au delà de la première ligne et jusqu'à la troisième. Elles auraient péri entre la première et la seconde; elles n'auraient jamais vu la troisième, quoique j'eusse toujours fait sur la première de terribles efforts! Et si, prochainement, rentré dans mes foyers, j'y rencontre la paix, celle qui vient de la tranquillité de la conscience, c'est que j'aurai empêché le sacrifice inutile de plusieurs milliers d'hommes, et épargné à plusieurs milliers de familles le deuil et la désolation!

Au surplus, et c'est ma dernière réflexion sur ce point, vous avez vu les insurgés de Paris aborder ces positions; ils les ont abordées, conduits, non pas par des généraux *ineptes*, comme ils disaient, mais par des généraux de leur choix, et ils les ont trouvées inoccupées. Elles m'auraient coûté à moi 30,000 hommes, et probablement je n'aurais pas pu m'y établir à ce prix; elles ne leur ont rien coûté à eux!

Assurément, ces positions étaient des plus favorables pour l'attaque de Versailles; eh bien! Vous avez fait partir de Versailles vos troupes improvisées, et, quatre heures après, elles avaient rejeté dans la plaine les occupants de Châtillon et de Meudon, leur avaient fait des milliers de prisonniers, parmi lesquels leurs principaux chefs, et si nous avions pu tenir ces positions longtemps avant eux, pas un n'aurait revu les remparts de Paris !

Voilà comment les événements se sont chargés de vous démontrer la valeur des positions défensives qui sont autour de la capitale.

Messieurs, à la fin de la séance d'hier, j'ai successivement envisagé devant vous, les premiers griefs articulés contre la défense de Paris.

Je poursuis cet examen, en commençant par celui de ces griefs auquel nos contradicteurs ont attaché le plus d'importance et qui est comme leur épée de chevet. Ils disent que nous n'avions pas de plan et que notre incapacité allait au jour le jour des événements.

Eh bien ! nous avions un plan très-simple, très-pratique, très-hardi, et j'en parle avec une liberté d'esprit d'autant plus entière, que la première pensée en appartient à mon vaillant camarade, le général Ducrot, et qu'elle lui fait le plus grand honneur.

C'est un principe que, lorsqu'une armée doit prononcer un effort dans une direction donnée, il faut que cet effort ait lieu dans la direction où il n'est pas attendu. Eh bien ! dans l'immense périmètre de la place de Paris, une seule direction répondait à cette condition, une seule, et c'est, j'imagine, pour cela que jusqu'ici elle n'a pas été aperçue et que personne n'en a parlé : c'est la direction de Paris au Havre par Rouen.

Là, messieurs, les deux bras de la Seine formant la presqu'île de Gennevilliers, opposaient à toute sortie des obstacles assez sérieux pour que l'ennemi songeât moins à se préparer de ce côté, que de tous les autres côtés du périmètre. Et, en effet, à l'époque dont je parle, l'armée prussienne, dans cette zone qui a pour base la Seine, d'Argenteuil à Chatou, et pour sommet Cormeilles, n'avait fait là aucun dispositif défensif qui parût redoutable, et elle n'y montrait que quelques détachements. Cette direction avait bien d'autres avantages : sur tout son parcours, elle était flanquée à gauche et protégée par le fleuve; à droite, elle pouvait l'être par la petite armée qui s'était organisée à Lille et qui, descendant par Amiens, venait s'établir sur son flanc droit et pouvait communiquer immédiatement avec elle. En outre, l'occupation de l'ennemi ne dépassant pas alors la ligne de Pontoise à Mantes, en un jour, après un seul combat probablement, l'armée pouvait être portée en dehors de l'occupation prussienne; cheminer à marches forcées sur Rouen, grand centre de ravitaillement; et de là vers la mer, base d'opération universelle, puisqu'elle met l'armée en contact avec toutes les ressources du pays. Telle était la combinaison militaire autour de laquelle ont tourné pendant deux mois, sans que personne le sût, tous les efforts de la défense de Paris.

Voilà le secret de la construction dans la presqu'île de Gennevilliers, des redoutes de la Folie, de Charlebourg, de Colombes, du moulin des Gibets, de l'établissement d'un nombre considérable de batteries, toutes ayant des vues de commandement sur cette zone dont j'ai parlé, toutes armées de pièces du plus gros calibre, c'est-à-dire de pièces de marine et de pièces de 24 de siége.

C'est ainsi que s'explique encore la construction de huit ponts de bateaux, dont un d'artillerie, destiné à être porté immédiatement au fleuve et à servir au passage des pièces, et sept autres plus légers préparés pour les troupes par l'ingénieur en chef, M. Krantz, qui a rendu de si grands services à la défense. Ces ponts, chargés à l'avance sur le chemin de fer de l'Ouest, devaient arriver en quelques minutes jusqu'à la Seine.

Voici comment l'exécution devait se réaliser :

La veille du jour marqué pour l'entreprise, cinquante mille hommes devaient traverser bruyamment Paris, se porter à la hauteur des forts de l'Est et menacer par un effort sérieux, bien qu'il ne dût pas être poussé à fond, les lignes de retraite de l'ennemi et son quartier général de Bondy. Cinquante autres mille hommes, choisis en officiers et en soldats, devaient, le lendemain dans la nuit, quand l'attention de l'armée prussienne aurait été attirée par la fausse attaque, et quand l'ennemi aurait fait dans cette direction de premières concentrations, cinquante autres mille hommes devaient se réunir dans la presqu'île de Gennevilliers, passer le fleuve à la pointe du jour, sous ce feu d'artillerie qui commandait la plus grande partie de la zone à franchir, s'élever après un seul combat jusqu'aux hauteurs de Cormeilles, traverser l'Oise, arriver à Rouen, puis à la mer.

A ce plan de sortie de Paris s'ajoutait un plan de ravitaillement de la capitale par la basse Seine ; la première opération était destinée à préparer la seconde.

Ici, messieurs, j'ai l'obligation de vous lire — ce sera court — quelques pièces officielles qui constatent les faits que je viens d'exposer, et qui me conduiront à des déductions que je vous prierai d'entendre :

Voici un télégramme du 25 octobre :

« *Gouverneur de Paris à M. Gambetta.*

« Vous allez reconnaître que les armées modernes ne s'improvisent pas, et que, pour les former, il faut des hommes spéciaux, comme pour les commander, des hommes d'expérience.

« Les démissions que j'avais prévues dans votre entourage sont infiniment regrettables. » (*C'était la démission la plus regrettable de toutes, celle de l'amiral Fourichon; puis la démission de plusieurs officiers généraux, qui étaient là des auxiliaires très-utiles et qui durent disparaître.*)

« Le départ du général Bourbaki m'a surpris » (*il était parti pour Lille*); « mais ses vues doivent être bonnes; dans tous les cas, le voilà à ma portée dans un centre de grandes ressources pour l'organisation militaire; je vais combiner mes opérations avec lui.

« Sans doute l'ennemi a de gros détachements en province; mais renonçant à prendre Paris, il a solidement fortifié ses corps d'armée autour de la ville et coupé toutes les voies. Je ne suis pas assez fort pour tenter de percer ses lignes, mais je les tâte souvent et je marcherai, à un moment donné, avec une bonne armée que j'ai formée, en ayant une seconde pour la défense de Paris. Notre situation est donc bonne, mais il faut pousser les événements, parce que nos approvisionnements ne dureront pas toujours.

« L'affaire de Châteaudun confirme ce que

je vous ai dit des effets produits par la défense des villes.

« *Vos armées seront peu en état de tenir la campagne contre l'ennemi;* mais, en défendant contre lui les villes ouvertes, crénelées et barricadées, elles lui feront un mal énorme et l'impressionneront beaucoup. Mettez donc vos villes en état de défense et faites qu'on imite Châteaudun.

« Général TROCHU. »

« INSTRUCTIONS DU 29 OCTOBRE 1870

« *Remises à l'ingénieur Cézanne* :

« L'expérience acquise dans la présente guerre et la situation qui résulte actuellement pour le pays, des douloureux événements dont nous avons été les témoins, commandent de ne négliger aucune disposition, aucun effort propres à compenser, pour nos armées de nouvelle formation, encore peu aguerries et incomplétement organisées, la supériorité que l'ennemi doit à sa discipline, à son organisation, à son artillerie.

« *Nos armées, ainsi faites, ne peuvent aborder*

l'ennemi en rase campagne sans risquer beaucoup, et il est du plus haut intérêt de leur créer, pour ainsi dire, à l'avance, des champs de bataille où l'armée prussienne rencontrerait le plus d'obstacles possible, en même temps que la nôtre y trouverait des points d'appui. Pour arriver à ce résultat nécessaire, il faut mettre partout en état de défense les villes ouvertes et les villages, les créneler, les barricader, les entourer d'abatis, ceux particulièrement auxquels aboutissent les voies de communication. Il faut relier entre eux ces centres défensifs par des travaux de fortification passagère convenablement placés, utiliser les cours d'eau, canaux, digues, levées de terre, bois, qui forment avec ces villes et villages des lignes défensives naturelles, derrière lesquelles les armées ou corps d'armée peuvent se concentrer et attendre l'ennemi. »

J'insiste sur ce mot, messieurs : *attendre l'ennemi*.

« Un tel système de défense, quand il est généralisé, empêche l'ennemi de discerner clairement le côté par lequel il est réellement menacé. Il lui révèle, de la part de la population, des aptitudes à la résistance et une résolution qui le démoralisent. Enfin, il met les centres habités en état de se défendre contre les petits corps que l'ennemi lance autour de lui, en vue d'assurer par des réquisitions sa subsistance.

« Des travaux de cette nature, entrepris à la fois sur tous les points du territoire menacé, répondent à un effort considérable auquel le pays tout entier doit s'associer, par l'esprit public d'abord, et ensuite par les bras de tous. Ils doivent être dirigés par l'autorité militaire, notamment par les officiers du corps du génie, et il faut faire concourir à leur exécution toutes les forces organisées de la France, en particulier celle des travaux publics, dont le personnel solidement hiérarchisé peut être immédiatement mis en mouvement et concentré, avec l'outillage nécessaire, sur les points choisis. Le personnel des ponts et chaussées, des mines, des architectes et agents voyers, des entrepreneurs, employés et ouvriers de ces divers services, serait mis, par une réquisition générale, en mesure d'exécuter les plans arrêtés par la direction militaire qui trouverait en eux un instrument puissant et dévoué.

« Le Gouvernement de la Défense nationale a décidé qu'il serait pris dans ce sens des mesures très-énergiques, capables de produire en peu de temps des résultats considérables. Les dispositions de détail par lesquelles le personnel des travaux publics serait concentré et remis à l'autorité militaire, ont été étudiées et arrêtées par le Ministre compétent. M. Cézanne, ingénieur des ponts et chaussées, est chargé de faire connaître au Gouvernement délégué les mesures dont il s'agit, leur adoption restant nécessairement subordonnée aux circonstances et aux événements du moment.

« Dans ces vues et pour cet objet, M. Cézanne est spécialement accrédité auprès du Gouvernement délégué à Tours, et recommandé à son bon accueil.

« Général TROCHU. »

Ces instructions, faisant suite à la dépêche télégraphique que je vous ai lue et précédant les instructions que je vais vous lire, attestent. — et c'est le renversement de tout ce qu'on a dit et de tout ce qu'on a écrit, — que je n'ai jamais appelé à la défense de Paris l'armée de la Loire; que j'ai toujours considéré cet effort comme dangereux, parce que, comme je l'écrivais à M. Gambetta, on n'improvise pas les armées, et qu'avec des armées improvisées on ne tient pas la campagne contre des armées longuement préparées.

J'ai dit, messieurs, qu'à la combinaison dont le but était de porter une partie de l'armée de Paris à Rouen, s'ajoutait un plan de ravitaillement.

Voici une instruction, à la date du 29 octobre, qui,—comme la précédente,—a été adressée par moi, dans ce sens, aux autorités de la province :

« INSTRUCTIONS GÉNÉRALES.

29 octobre 1870.

« Le Gouvernement de la défense nationale, d'accord avec la volonté unanimement manifestée en toute occasion par les citoyens enfermés dans Paris, est résolu à défendre la capitale de la France jusqu'à la dernière extrémité. Il a dû se préoccuper des moyens de ravitailler Paris, soit que nos efforts triomphent définitivement de l'invasion prussienne, comme nous l'espérons fermement, soit que la fortune nous soit contraire.

« On ne pourrait, dans tous les cas, tirer des vivres de la zone qui entoure Paris, cette zone étant elle-même épuisée par l'ennemi. Il faut d'ailleurs considérer que, par suite de l'interruption, sur beaucoup de points, des chemins de fer et des voies ordinaires, les transports réguliers ne pourraient être repris qu'après plusieurs jours de réparations.

« La haute Seine, dans de certaines conditions que le Gouvernement étudie, la basse Seine surtout, fourniront le moyen le plus sûr de ravitailler Paris. En conséquence, le Gouvernement de la défense nationale a décidé que les mesures suivantes seraient prises avec toute la rapidité et tout le secret possibles :

« 1° Réunion dans quelques ports de la basse Seine, aussi voisins de la capitale qu'il sera prudent et possible, de vivres en quantités suffisantes pour alimenter Paris, pendant quinze jours au moins, à raison de *quinze cent mille kilogr.* par jour de denrées diverses (biscuits, farines, riz, légumes secs, café, sucre, conserves de viande et de poisson, huile, beurre, fruits secs, etc.);

« 2° Préparation d'une flottille capable de transporter rapidement ces approvisionnements à Paris.

« Au sujet de cette flotte, diverses propositions ont été faites au Gouvernement. L'une d'elles avait particulièrement pour objet la création d'un ensemble de bateaux partiellement cuirassés et armés, capables de passer sous le canon, de se défendre par eux-mêmes, et par suite de forcer le blocus.

« Le Gouvernement n'a pas jugé que ces vues fussent réalisables, en raison de l'urgence des circonstances, et du temps dont il dispose pour y faire face. En conséquence, M. Cézanne, ingénieur des ponts et chaussées, porteur des présentes, reçoit du Gouvernement la mission de réunir sur la basse Seine un convoi de vivres destiné à ravitailler Paris et d'assurer, en se concertant avec les ingénieurs chargés de la navigation de la Seine, le voyage de ce convoi d'approvisionnement jusqu'à Paris, au moment de la levée du blocus.

« Ce convoi, pour répondre à toutes les éventualités, devra être prêt à partir le 1er décembre, au plus tard.

« M. Cézanne assurera l'accomplissement de sa mission par tous les moyens possibles, en requérant le concours de toutes les autorités auprès desquelles il sera accrédité par les présentes instructions. La délégation du Gouvernement les complétera, en lui donnant les pouvoirs et crédits qui seront jugés nécessaires. Elle prescrira, en même temps, les mesures d'ordre compatibles avec le caractère d'urgence et d'exception des circonstances dans lesquelles M. Cézanne devra remplir son mandat.

« Le Gouvernement de la défense fonde beaucoup d'espoir sur l'activité avec laquelle M. Cézanne préparera le succès de l'importante entreprise qui est confiée à son dévouement. Aucune assistance ne lui fera défaut.

« Général TROCHU. »

Par l'ensemble de ces titres officiels, vous êtes maintenant bien fixés sur cette question, qu'il existait un plan de défense parfaitement défini, et qu'à ce plan de défense se rattachait ultérieurement un plan de ravitaillement. L'un et l'autre n'ont été connus, pendant deux mois au moins, que de cinq personnes qui avaient qualité pour être informées.

Dans le Gouvernement de la défense, une seule personne le savait : c'était le vice-président, M. Favre. Avis en avait été porté verbalement, en province, par un messager, à M. Gambetta, qui malheureusement n'en a jamais tenu compte et n'a pas paru faire entrer dans les combinaisons qu'il préparait, de son côté, ce plan de sortie par Rouen.

Voici maintenant un dernier télégramme, qui est du 10 novembre. Il a cela de remarquable, que c'est ce jour-là même que le général d'Aurelle de Paladines, qui est membre de cette Assemblée, rencontrait l'ennemi à Coulmiers et le battait ; à Paris nous ne le savions pas encore. Le gouvernement délégué écrivait souvent, mais ses dépêches ne nous arrivaient pas. Les nôtres ne lui parvenaient pas non plus la plupart du temps.

« *Gouverneur de Paris à M. Gambetta.*

10 novembre 1870.

« Nous sommes sans nouvelles de Tours depuis le 26 octobre, et d'autant plus inquiets, que l'ennemi fait répandre dans nos camps, des nouvelles sinistres sur l'état des départements.

« Votre silence rend aussi la situation du Gouvernement, difficile devant la population de Paris qui croit que nous lui cachons des nouvelles.

« Je reviens aux affaires militaires. Il est d'un haut et pressant intérêt que vous ayez une armée sur la basse Seine, s'appuyant sur Rouen, approvisionnée par la Seine et cheminant avec précaution par la rive droite. Dites cela à Bourbaki qui doit se porter là très-rapidement, et, s'il ne le peut pas, envoyez-y, par les voies rapides, un gros détachement de l'armée de la Loire.

« Si rien de tout cela n'est possible, j'agirai seul du 15 au 18 courant, mais c'est périlleux.

« Général TROCHU. »

Vous remarquerez que ce télégramme annonce définitivement la sortie de l'armée de Paris vers Rouen, et la fixe du 15 au 18 novembre.

J'expliquerai tout à l'heure à l'Assemblée comment l'arrivée, à quatre jours de là, le 14 novembre, de la nouvelle du succès de Coulmiers, renversa toute cette combinaison et tout l'avenir du siége de Paris !

Vous me jugeriez mal si vous pensiez que, dans l'exposé que je viens de faire, j'ai entendu mettre en cause M. Gambetta. Il était, comme moi, assujetti à la condition de faire ce qu'il pouvait. Mais je parlerai librement de lui. J'ai toujours eu de ses mérites une meilleure opinion que celle qu'il a eue des miens. M. Gambetta, à mon point de vue, était entré au Gouvernement de la défense, avec une bonne note que j'avais recueillie dans le *Journal officiel* lui-même. Je veux parler de l'énergie avec laquelle, le 4 septembre, au Corps législatif, il avait cherché à empêcher l'invasion populaire, et à obtenir que cette Assemblée délibérât dans le calme et dans la paix; j'avais lu les paroles très-bienveillantes pour lui, que le président du Corps législatif avait dites à cette occasion. Dans le cours des rapports que j'ai eus avec M. Gambetta, à Paris, et, plus tard, quoique en état de divergence, comme vous le voyez, dans nos communications militaires, j'ai toujours jugé qu'il avait un ardent patriotisme ; mais il portait en lui deux vices originels incurables. Ayant à invoquer pour l'œuvre de salut commun que nous poursuivions, le concours de toutes les volontés, de tous les esprits, de tous les cœurs, il était persuadé que, pour utiliser ce grand effort, il fallait superposer à cet effort même un parti qui en devait être le directeur.

Je dis cela à l'Assemblée, alors que M. Gambetta, — ce que je regrette, — n'y est pas ; je dis cela à l'Assemblée, parce qu'à Paris, bien souvent, sincèrement, cordialement, je l'ai dit à M. Gambetta lui-même. Je le lui ai dit quand il nomma à Paris les maires provisoires ; je le lui ai répété quand, à la même époque, il nomma les préfets dans les départements, l'assurant qu'il allait tout perdre au lieu de tout sauver !

En second lieu, M. Gambetta était dominé par une tradition qui n'était pas vraie, à l'époque même où elle naissait : je veux parler de la tradition militaire de 1793. En effet, les mémoires de Dumouriez et de Gouvion Saint-Cyr ne laissent aucun doute à ce sujet. A l'heure où nous sommes, cette tradition est absolument fausse; à l'heure où nous sommes, l'âme des nations ne peut plus combattre l'arsenal des nations.

L'arsenal, c'est l'organisation, la préparation, la discipline et l'emploi des moyens militaires perfectionnés par une science dont la précision est mathématique.

Eh bien! dans la deuxième partie de la guerre que nous venons de soutenir, nous avons combattu avec notre âme contre l'arsenal, et nous avons péri!

M. Gambetta avait donc à ce sujet des illusions qui ont été fatales.

Ces illusions, je les avais bien souvent combattues autrefois, quand nous siégions l'un à côté de l'autre dans les conseils de l'Hôtel de Ville; elles l'avaient conduit, par exemple, à proposer, — toujours la tradition de 1793, — à proposer au conseil que les grades d'officiers dans la garde nationale mobile fussent donnés à l'élection.

Battu une première fois, battu une deuxième fois, et encore battu une troisième fois sur cette question, M. Gambetta y revint, et il y revint entraînant, par le talent très-considérable qu'il a, les votes unanimes du conseil, excepté deux : celui du général Le Flô et le mien. Je m'efforçai vainement de lui faire comprendre qu'il y aurait là d'abord un énorme déni de justice, parce que les officiers de la garde nationale mobile qui étaient venus défendre Paris, y étaient venus en possession d'un décret qui les avait nommés, et que nul n'avait le droit de transformer cette nomination par décret en une nomination par voie d'élection. Il y avait ensuite ce fait désastreux et sans exemple, d'élections d'officiers faites en présence de l'ennemi, je dirais presque pendant le combat.

Cependant cette doctrine prévalut.

Elle ne prévalut pas longtemps ; M. Gambetta ne tarda pas à en reconnaître les vices, et, arrivant à Tours, il se refusa aux nominations, par voie d'élection, des officiers de la garde nationale mobile ; mais le mal était fait pour Paris.

A cette occasion, messieurs, je réponds à une interpellation qui m'a été adressée, vous devez vous le rappeler, dans une séance précédente. On m'a dit : Pourquoi avez-vous signé ?

J'ai répondu : Vous en parlez bien à votre aise. Je vais expliquer aujourd'hui cette parole.

J'ai signé, parce que, dans ma position de président du Gouvernement, lorsque l'unanimité des membres prend des résolutions comme celle-là, si l'on ne signe pas, on se retire. Pendant les cinq mois qu'a duré la crise par laquelle j'ai passé et que je cherche, bien incomplétement, à définir devant vous, j'ai été plus de vingt fois mis à cette épreuve : signer ou me retirer. Tout à l'heure, à ce sujet, j'invoquerai le témoignage de quelques-uns des maires de Paris qui siégent encore dans cette Assemblée : jamais je n'ai voulu me retirer. J'ai dévoré, depuis mon entrevue avec l'Empereur à Châlons, jusqu'au jour de la capitulation, les plus cruelles amertumes, pour ne pas donner ma démission, parce que je considérais qu'elle aurait été une lâcheté.

Quand arriva à Paris la nouvelle du succès de Coulmiers, qui était dû, comme je le compris tout d'abord, avant d'en connaître les détails, à l'habileté avec laquelle le général en chef avait su réunir une troupe *maxima* contre le point qu'occupait l'ennemi avec une troupe *minima*, Paris vit dans le succès de Coulmiers, non pas un accident heureux, mais une marque, un présage certain de nos victoires de l'avenir. A partir de ce jour, se forma dans la population, dans la garde nationale, dans la presse, dans les municipalités de Paris, dans le Gouvernement surtout, l'esprit que voici : Il faut sortir de Paris, marcher au-devant de l'armée victorieuse et résoudre ainsi le grand problème qui pèse sur le pays.

C'est vainement que j'expliquais que c'était là une théorie et des espérances auxquelles les faits ne répondraient pas. Il fallut marcher au-devant de l'armée victorieuse, laquelle, sans tenir aucun compte des efforts accumulés dans la direction de Rouen, s'annonçait venant à Paris par la direction d'Orléans. Ce fut là, je le répète, dans l'esprit de Paris, la date d'un véritable vertige : on considéra que, pour battre l'armée prussienne, il ne s'agissait que de renouveler l'effort qui avait créé le succès de Coulmiers. On me somma avec violence, M. Gambetta surtout, de ne plus penser à autre chose qu'à sortir de Paris en allant au-devant de l'armée de la Loire.

Je dus transporter de l'ouest à l'est tous les préparatifs que j'avais faits dans la plaine de Gennevilliers. Il fallut armer toutes les rives de la Marne, depuis Charenton jusqu'à Avron inclusivement, sur une étendue de plus de deux lieues; il fallut accumuler sur cette zone tous les canons disponibles de gros calibre que je possédais. Ce fut un travail immense, que je croyais à peine possible, et dont je dus l'accomplissement au dévouement de tous, et spécialement à l'énergique activité d'un ingénieur en chef, M. Ducros, aujourd'hui préfet de la Loire, qui a été un des plus solides auxiliaires de la défense de Paris.

Je doute que jamais général en chef ait rencontré, dans le cours des faits qui créent sa responsabilité, un accident plus douloureux que celui que je viens de vous montrer, car j'étais bien assuré que quand j'aurais fait, plus ou moins impuissamment, l'effort très-périlleux que j'allais tenter, je ne trouverais plus libre la direction de Rouen; et en effet, quand j'y revins, l'ennemi occupait Rouen, et il allait jusque sous les murs du Havre.

M. Gambetta était dans l'illusion jusqu'à annoncer officiellement que l'armée de la Loire bivouaquerait le 6 décembre dans la forêt de Fontainebleau. Elle se porta vers Orléans, et elle rencontra ses premiers échecs qui étaient inévitables, et qui l'obligèrent à la retraite, une portion cheminant le long de la Loire par la rive droite, l'autre, la plus faible et la plus maltraitée, cheminant vers Bourges.

Ces nouvelles arrivèrent à Paris, et le 24 novembre j'écrivais à M. Gambetta :

« 24 novembre 1870.

« Je reçois aujourd'hui votre dépêche sans date, je la crois d'hier 23; elle confirme, bien péniblement pour moi, mes craintes au sujet de l'armée de la Loire, qui pouvait être tournée dans ses positions, comme je vous l'écrivais dans mes dépêches du 18 et du 20.

« Ce que vous appelez ma persistante inaction, — c'était ainsi que M. Gambetta, dans *des lettres adressées à M. Jules Favre, caractérisait la situation du gouverneur de Paris*, — ce que vous appelez ma persistante inaction, est l'effet invincible des efforts immenses et compliqués que j'ai à faire. Il a fallu organiser 100,000 hommes, les pourvoir d'artillerie, les enlever aux quinze lieues de positions qu'ils occupent, les y remplacer par des troupes non organisées et par des troupes choisies dans la garde nationale. Et ces efforts, presque incroyables, ont dû être faits en sens inverse d'un premier plan déjà en cours d'exécution, qui consistait à sortir par l'ouest, vers Rouen ! Les nouvelles de l'armée de la Loire m'ont naturellement décidé à sortir par le sud et à aller au-devant d'elle coûte que coûte. C'est lundi 28 que j'aurai terminé mes préparatifs poussés de jour et de nuit. Mardi 29, l'armée extérieure, commandée par le général Ducrot, le plus énergique de tous, abordera les positions fortifiées de l'ennemi, et, s'il les emporte, poussera vers la Loire, probablement dans la direction de Gien. J'estime que si votre armée est décidément tournée par sa gauche, elle doit passer la Loire et se retirer vers Bourges par la Motte-Beuvron et Vierzon.

« Il faut prendre garde au Morvan, par où l'on dit que pourrait arriver le corps prussien qui allait sur Lyon et dont on n'a pas de nouvelles.

« Tâchez de réunir à Bourges des munitions et des vivres pour l'armée du général Ducrot, qui tâchera d'y arriver.

« Pour correspondre avec moi dorénavant, reprenez le chiffre préfectoral dont je me sers, et changez-en la pagination. La page 14 deviendra 01 et ainsi de suite.

« Il est bien difficile et vraiment douloureux d'avoir à assurer la coopération par ballons et par pigeons.

« Prière instante de dater vos dépêches.

« J'insiste toujours sur la nécessité absolue d'éviter une affaire générale dans les circonstances que vous m'indiquez.

« Général TROCHU. »

Vous voyez, messieurs, que là encore, alors que j'apprenais l'accident survenu à l'armée de la Loire, je ne voulais pas qu'elle se compromît pour appuyer l'entreprise où j'allais m'engager. Je donnais, au contraire, à M. Gambetta le conseil de la porter en arrière, convaincu qu'il ne fallait la commettre avec l'armée prussienne que dans les conditions spéciales que j'ai précédemment indiquées. Ainsi, je persistais dans le sens des réflexions que j'avais faites dès le commencement du siége à M. Gambetta : il fallait, selon moi, éviter les grandes affaires générales de rase campagne et faire une guerre de pays.

Les travaux que j'avais exécutés dans la vallée de la Marne, de Charenton et Créteil au plateau d'Avron inclus, préparaient les batailles du 30 novembre et du 2 décembre, celles de Villiers et de Champigny. Les points d'appui étaient les batteries récemment construites, le fort de Nogent, le fort de Rosny, et enfin la hauteur d'Avron.

Je m'arrête un instant sur cette occupation du plateau d'Avron.

Depuis plus de deux mois je résistais à tout mon entourage, à tous mes auxiliaires, pour ne pas la réaliser. C'était une position très-intéressante, je le reconnais ; mais elle était dominée sur les trois quarts de son périmètre, par des hauteurs plus élevées, occupées par l'armée prussienne, à une demi-portée de canon ; elle était découverte, et enfin la nature de son sol n'y permettait pas de travaux profonds, des travaux d'abri. Par conséquent, l'occupation du plateau d'Avron, dans les circonstances ordinaires du siége, m'apparaissait comme une faute dangereuse pour l'avenir, et je me refusais à la commettre. J'ai dû me décider à m'y établir, parce que l'artillerie accumulée là était destinée à appuyer les batailles projetées et à avoir sur elles une influence considérable.

Cette occupation du plateau d'Avron par plus de soixante pièces d'artillerie, dans un terrain défoncé, avec des efforts inouïs, fut faite dans une seule nuit par l'amiral Saisset, membre de cette Assemblée, qui rendit à la défense de Paris un signalé service.

Messieurs, je ne m'étendrai pas sur le récit des batailles de Villiers et de Champigny ; elles firent le plus grand honneur aux troupes qui furent d'abord arrêtées tout un jour, devant la Marne, par une crue de 1 mètre 50, au moment même du passage, ce qui eut pour résultat de nous tenir dans l'incertitude jusqu'au jour, et par conséquent, de ne pouvoir décommander les entreprises latérales qui se faisaient en ce moment-là à l'Hay, en avant du Mont-Valérien, et à Epinay. L'ennemi nous ayant vus arrêtés par cette crue, était maître de notre secret ; mais notre situation était telle, que nous ne pouvions plus reculer devant ces difficultés ; nous passâmes la Marne et les deux batailles furent livrées, avec une perte d'environ six mille hommes, les pertes de l'ennemi devant, je crois, être portées au double ; les bivouacs furent établis sur les positions où nous avions combattu. Là, le général Ducrot, menant lui-même ses bataillons à l'assaut du parc de Villiers, se couvrit d'une gloire que les colères populaires ont vainement cherché à amoindrir. Là, périt l'élite des hommes qui avaient été mes collaborateurs les plus énergiques pendant le siége, le général Renault qui avait passé sa vie entière sur nos champs de bataille d'Afrique, de Crimée, d'Italie ; le général La Charrière, et de Grancey qui fut un héros parmi nos gardes nationales mobiles, Néverlée, Franchetti, Prévaut, des hommes à la mémoire desquels j'ai le devoir de rendre, ici devant vous, un solennel hommage pour qu'elle ne soit pas perdue !

Le froid, la neige s'ajoutant à toutes nos épreuves, la retraite fut décidée. Cent dix mille hommes et quatre cents pièces de canon repassèrent la Marne sur ses ponts vacillants, dans un ordre parfait, sous les yeux et à deux kilomètres de l'armée prussienne. Son immobilité, devant notre opération qui était pleine de périls, nous donna la mesure de l'autorité morale que les deux batailles du 30 novembre et du 2 décembre nous avaient acquise. A mon avis, cette retraite, dont le général Ducrot avait pris la responsabilité dans les premiers moments, et qu'il conduisit lui-même, mit le comble à ses éclatants services.

Paris était définitivement abandonné à lui-même. Pour moi, il l'avait toujours été, je vous l'ai dit. Les armées de la Loire, du Nord et de l'Est, faisaient ou préparaient les plus grands efforts. Le général Chanzy venait d'honorer au plus haut point son nom par sa retraite le long de la Loire, où, avec des troupes improvisées comme les miennes, il tint tête à deux armées !

Le général Faidherbe, à la tête d'une petite armée qu'à Tours on évaluait à 90,000 hommes, et qui était réellement de 38,000 hommes, dont 14,000 seulement pouvaient utilement combattre, le général Faidherbe, avec une indomptable énergie, tenait l'ennemi en échec, en s'appuyant sur les places du Nord !

Le général Bourbaki, dont la vaillance et l'intelligence militaires sont traditionnelles parmi nous, entreprenait dans l'Est une opération qui était éminemment stratégique, mais qui venait six semaines trop tard. Conduite au milieu de l'hiver le plus violemment rigoureux qu'on eût vu, elle devait accabler les jeunes soldats novices et mal équipés qu'il menait aux batailles de l'Est. Je ne veux pas m'arrêter sur le drame douloureux qui a failli faire perdre à l'armée française un officier général qui, après avoir montré devant l'ennemi les hautes qualités militaires qu'on lui sait, a cru qu'il ne pouvait expier que par la mort le désastre que les éléments et les circonstances lui infligeaient !

L'armée de Paris avait perdu, je l'ai dit, la plupart de ses officiers de marque et une grande partie de ses cadres ; il fallait la réorganiser, la refondre. Dès qu'elle parut avoir repris quelque ressort, je combinai une entreprise d'un caractère nouveau. J'étais désespéré que l'ennemi ne me montrât jamais que son canon et j'avais le sentiment que, s'il eût amené son infanterie dans la plaine, je l'aurais battue avec la mienne. C'était là mon espoir, ma pensée de tous les jours, et je me dis que peut-être, en conduisant l'armée dans la plaine de Saint-Denis, ce qui n'exigerait pas d'elle de trop grandes fatigues, auxquelles elle n'était plus propre, j'obligerais peut-être l'ennemi, en voyant la menace que je dirigeais contre ses lignes de retraite, à déployer ses masses.

C'est dans cette espérance que j'ai préparé et que j'ai livré la bataille du 21 décembre. Cette bataille commençait à Ville-Evrard, à deux lieues de Saint-Denis, se continuait par le centre devant la forêt de Bondy et se terminait à gauche au Bourget. C'était un immense effort.

L'ennemi ne nous opposa que son artillerie; il garda toute son infanterie derrière les deux petites rivières qui formaient sa ligne de défense, protégée par des villages et par des batteries de position. Le village du Bourget, que la marine avec son impétuosité ordinaire avait enlevé en partie, dut être évacué par elle, parce qu'elle ne fut pas suffisamment soutenue. Enfin le soir de cette journée laborieuse, mais où nous n'avions fait que très-peu de pertes, car nous n'avions pu joindre l'ennemi, et où tout s'était borné à une canonnade, un froid de 9 degrés envahit le camp; dans la nuit il s'éleva à 14 degrés et le lendemain je constatai dans les tranchées 900 cas de congélation! Nos jeunes soldats rencontraient là des épreuves qui dépassaient leurs forces; je dus ramener la moitié de l'armée dans ses cantonnements, laissant l'autre, avec la garde nationale de Paris, dans les tranchées devant l'ennemi, et là tous livrèrent, jusqu'à la capitulation, une sorte de bataille permanente et qui leur fit honneur (1).

Le 30 commençait le bombardement qui devait durer vingt-six jours pour les forts, vingt jours pour Paris, et qui, contrairement aux traditions de la guerre civilisée, ne fut pas annoncé! Quand les sévices de ce bombar-

(1) Pendant toute la durée du siége, la Société internationale de secours aux blessés militaires et les différentes sociétés qui s'étaient constituées librement pour assurer le service des ambulances et des dépôts de blessés et de malades, ont rendu de signalés services. Elles avaient pour auxiliaires les Frères de la doctrine chrétienne qui ont rempli leur pieuse mission avec une simplicité, un courage et une abnégation incomparables. Plusieurs ont payé de leur vie le dévouement qu'ils ont montré.

dement atteignirent Paris, — ce fut au milieu de la nuit, — nos églises, nos hôpitaux, nos asiles furent particulièrement frappés.

Dans une autre occasion, je dirai ce que je pense de cet acte qui fut imprévu, inouï, au moins dans les conditions où il s'est produit. Je me borne aujourd'hui à affirmer que la population de Paris, bien loin de se troubler, s'indigna et devint plus forte.

Mais la situation, déjà bien grave au point de vue militaire, devenait plus grave encore au point de vue des subsistances. Depuis deux mois, nous mangions nos chevaux, et 40,000 d'entre eux avaient déjà disparu dans la consommation de la ville et de l'armée. La vie intérieure de Paris devenait très-pénible, car, sans chevaux, il y a là de bien plus grandes difficultés d'existence qu'on ne peut l'imaginer. Les services des vivres, des pompes funèbres, les transports de toutes sortes sans lesquels l'activité de la grande ville est paralysée, devenaient très-laborieux. Près de 20,000 soldats, sans blessures, mais atteints d'anémie, avec une santé ruinée, rentraient dans Paris. Ils disparurent dans le gouffre et je ne les revis plus!

La mortalité ordinaire de la ville s'était élevée du chiffre de 2,000 au chiffre de 6,000!

On a beaucoup parlé à Paris de la souffrance des indigents, et des habitants qui vivaient, avant le siége, du travail de leurs mains. Cette partie de la population était, au contraire, dans une situation relativement satisfaisante. La paye de la garde nationale, l'indemnité de la famille, les secours très-abondants que distribuaient les municipalités, lui faisaient une situation peut-être meilleure que celle qu'elle avait avant le siége. Mais il y avait dans Paris un groupe très-nombreux de marchands, d'industriels, d'employés qui ne recevaient rien, ceux-là, et faisaient beaucoup d'efforts tous les jours; qui souffraient cruellement; qui ont donné les plus hautes preuves de dévouement; qui sont les véritables héros du siége, et que l'ancien gouverneur de Paris a le devoir d'honorer devant vous!

C'est alors que le général Ducrot se présenta à moi et me dit : « L'état des troupes ne permet plus les grandes entreprises. Je crois qu'il faut se renfermer dans la défensive, jusqu'à ce que nous en soyons venus à notre dernier morceau de pain. »

Ce dernier morceau de pain nous n'en étions pas bien loin, et comme le pain ne contenait plus que 25 p. 100 de farine de blé, c'était le pain de l'angoisse et de la dernière heure : nous souffrions beaucoup.

Je pensais au contraire que le siége de Paris devait être couronné par une dernière entreprise que j'avais annoncée de tout temps à mes collègues du Gouvernement et que j'appelais l'acte du désespoir. Je me rappelais ce mot historique du bailli de Suffren : « Tant qu'il vous reste un coup de canon, tirez-le; c'est peut-être celui qui tuera votre ennemi ! »

Je voulais, messieurs, épuiser les efforts ; je crois que mon devoir était là, et quoique, sur ce point, j'aie été souvent attaqué, je persiste à croire que tel était mon devoir.

Pour la première fois, je réunis autour de moi mes officiers généraux dans une conférence à laquelle le général Ducrot n'assista pas; je leur dis : « Je vous propose de diriger une attaque « sur le plateau de Châtillon ; c'est plein de « périls, je le reconnais; mais si, par fortune, « nous percions sur ce point les lignes prus- « siennes, toutes les défenses de Versailles se-

« raient tournées, et nous aborderions cette
« ville par le sud. Il y avait là vingt-cinq offi-
« ciers généraux ; un seul fut de mon avis. Je
« recueillis alors les opinions de tous, et, à
« l'unanimité, ils me proposèrent d'attaquer
« Versailles , mais à la condition que je
« prisse pour point de départ et comme base
« d'opérations la forteresse du Mont-Valé-
« rien. »

Telle est, messieurs, l'origine de la bataille de Buzenval, dans laquelle j'introduisis, mêlés à mes troupes, quatre-vingts bataillons mobilisés de la garde nationale de Paris. Cette garde nationale de Paris montra là, je dois le dire, un très-grand courage : il se produisit dans ses rangs des exemples d'un dévouement incomparable. Le colonel de Rochebrune périt devant ses troupes, et son souvenir est resté dans ma pensée, comme celui d'un des hommes les plus braves au feu que j'aie vus de ma vie; et là périt encore le vénérable marquis de Coriolis, qui, à soixante-huit ans, portant le sac et le fusil, alla se faire tuer dans les lignes ennemies !

Mais, pour la guerre, le courage ne suffit pas, et c'est là ce que la garde nationale de

Paris, par des raisons que j'expliquerai tout à l'heure, n'a pas su juger. Généralement parlant, elle se battait avec courage, avec autant de courage que les troupes; mais, dans son inexpérience, elle arrivait à la bataille courbée sous le poids des vivres et des appareils de campement : sa fatigue offrait un spectacle pénible. Au combat, manquant d'ensemble, ne rencontrant pas habituellement dans le commandement le point d'appui, la direction qui sont nécessaires, chacun opérait à peu près pour son compte, et voilà comment il se fait que je suis fondé à évaluer qu'un huitième des morts et des blessés que j'ai eus à la bataille de Buzenval, — et c'était en tout à peu près 3,000 hommes,— a péri par le fait de la garde nationale.

Ainsi, quand le général Ducrot avec ses troupes, qui perdirent là le regrettable colonel de Monbrison des mobiles du Loiret, fut arrêté devant le mur de Longboyau, crénelé à deux rangs, — car aujourd'hui un mur crénelé à deux rangs, qu'on ne peut pas tourner et que l'artillerie ne peut pas abattre immédiatement, arrête une armée, — lorsqu'on fut obligé d'essayer une sape pour venir à bout de ce mur crénelé, les officiers du génie et les soldats qui les accompagnèrent dans cette entreprise, qui était très-périlleuse, furent presque tous frappés par l'inexpérience de la garde nationale tirant trop bas. Enfin, le soir, quand l'aile gauche plia et que je la vis descendre dans la plaine, comprenant qu'il y avait de ce côté un grand désordre, je m'y portai en personne et je fis remonter sur les crêtes les deux ou trois bataillons qui étaient là. C'était un bataillon de la Vendée qui marchait derrière moi ; il fut appuyé par deux compagnies de la garde nationale. Arrivés à la crête, alors que nous apercevions l'ennemi à très-courte distance, plusieurs gardes nationaux, troublés, ne surent plus discerner de quel côté il était ; ils se retournèrent, firent feu sur nous, en particulier sur mon groupe, et l'un d'eux, monté sur le talus d'un fossé, à six pas de distance, fusilla et perça d'outre en outre mon aide de camp, le lieutenant d'état-major de Langle !

J'ai cité ces exemples pour montrer qu'il n'est pas sage de conduire à la guerre des troupes qui, bien qu'animées du meilleur esprit, manquent d'organisation, et dont le commandement n'a pas pu être solidement constitué à tous les degrés de la hiérarchie.

Soyez sûrs que lorsqu'à la guerre, on accumule devant des troupes régulières, des troupes qui ne le sont pas, le désastre, qu'on va inévitablement recueillir, est directement proportionnel à l'importance numérique des foules qu'on a menées à l'ennemi.

Voilà pourquoi, résistant à tous les efforts qui ont été faits autour de moi à la fin du siége, je me suis refusé à mener à l'ennemi ces masses de gardes nationales dont un nombre limité de bataillons avait reçu la petite éducation qui produisait les effets que je viens de vous dire.

A partir de la bataille de Buzenval, la population, la presse, la garde nationale, le Gouvernement se prononcèrent contre moi d'une manière définitive. L'idée qui prévalut par continuation était celle qui avait eu pour origine le succès de Coulmiers, à savoir : il faut sortir avec toutes les masses organisées et non organisées qui sont dans Paris. Je reçus une députation des gardes nationaux qui venaient me proposer de faire sortir en même temps que les hommes armés, les hommes sans armes.... « afin, me disaient-ils, de livrer ce qu'ils appelaient une bataille torrentielle. »

Messieurs, si je ne tenais à abréger les moments que vous voulez bien me consacrer avec tant de patience, je pourrais vous lire une lettre par laquelle on m'accuse de trahison.... Je ne l'ai pas là sous la main ; c'est une lettre d'un M. Niquet, de Boulogne-sur-Seine, qui me déclarait traître à la patrie parce que je n'avais pas livré la « bataille torrentielle » qu'il réclamait. Cette lettre est d'ailleurs écrite dans un bon sentiment.

Vous vous tromperiez grandement, si vous pensiez que la foule seule était dans ces idées. Le Gouvernement, à des degrés divers, les partageait.... J'étais pressé tous les jours de livrer la grande bataille définitive. Je déclarai qu'il y avait là un crime militaire et que je ne le commettrais pas. C'était devenu à mon tour, pour moi comme pour le général Ducrot, un cas de conscience professionnelle.

Alors, se passèrent de petits désordres, je dirais de grands désordres au point de vue des principes, s'il y avait eu des principes possibles dans Paris assiégé. Le Gouvernement tint en dehors de moi des conciliabules pour chercher un général en chef qui voulût bien livrer la grande bataille. Les généraux, les colonels, les lieutenants-colonels et plusieurs chefs de bataillon furent appelés dans ce but auprès des ministres, et on chércha parmi eux un homme hardi qui voulût répondre à l'espérance qu'on mettait dans l'entreprise. Il ne s'en trouva aucun. Mais vous comprenez, messieurs, que l'autorité du général en chef était désormais compromise.

Les maires de Paris, réunis autour du Gouvernement, me dirent, avec la plus grande courtoisie, — et je crois que c'est notre honorable collègue M. Vacherot qui portait la parole, — les maires de Paris me dirent que ma situation n'était plus possible ; ils m'invitèrent à donner ma démission. Je répondis que je ne la donnerais pas. J'étais là, vis-à-vis de ma démission, dans le système où j'étais depuis six mois devant les épreuves qui m'accablaient. Je ne voulais pas me retirer ; mais, parlant au au Gouvernement, je lui dis : « Vous êtes le

Gouvernement, vous avez le droit de me destituer et de me remplacer. »

Je fus destitué et je fus remplacé.

On n'a pas manqué de dire dans le public que c'était un arrangement entre collègues, pour me faire sortir d'embarras, en raison d'une proclamation que j'avais faite quelques semaines auparavant et dans laquelle j'avais dit : « Le gouverneur de Paris ne capitulera pas. » Eh bien non ! ce ne fut pas un arrangement ; ce fut une véritable destitution, consentie sans observation par le général en chef. C'est ainsi que s'explique ma retraite militaire, et peut-être qu'après cinq mois de martyre, je méritais un autre traitement !

Quoi qu'il en soit, quand, dans la proclamation que j'avais faite, je disais : « Le gouverneur de Paris ne capitulera pas », c'était, messieurs, pour répondre aux calomnies que les sectaires faisaient courir dans Paris, calomnies que la presse avait accueillies, et où l'on établissait que je cherchais, sans le dire, tous les moyens de capituler. Je cherchais, à ce moment, les derniers moyens de combattre, et, lorsque, répondant à ces calomnies, je disais : « Le gouverneur de Paris ne capitulera pas, » j'entendais assurément que je ne capitulerais devant aucun effort de l'ennemi, mais non que je ne capitulerais pas devant la famine d'une ville de deux millions d'âmes ! Il n'y avait là aucune espèce de bonne foi.

Pour terminer l'exposé que j'avais à vous faire, je n'ai plus qu'à mettre sous vos yeux, d'une part, ce que j'appelle la politique militaire du siége de Paris, et, de l'autre, une courte monographie de la garde nationale, aboutissant à l'explication des douloureux événements dont vous venez d'être les témoins.

Toute la politique du siége de Paris, telle que je l'avais conçue, reposait sur cette parole de M. de Bismark à Ferrières : « Si, dans quelques jours, nous n'avons pas pris Paris, vous serez emportés par un mouvement populaire. »

Pour empêcher les mouvements populaires de se produire, il y a deux moyens : la force, quand on l'a; ou les effets moraux produits par une attitude qui impose.

On nous a reproché d'avoir laissé les masses populaires arriver en groupes bruyants devant le Gouvernement de la défense pour présenter des pétitions; on nous a reproché d'avoir laissé s'étaler aux vitrines de Paris d'ignobles caricatures; on nous a reproché bien des choses qu'il serait trop long d'énumérer. Eh bien! messieurs, à Paris, pour dominer tous ces désordres, il aurait fallu que, comme à Lille, par exemple, c'est-à-dire dans une ville assiégée ordinaire, l'existence de la population pût être absorbée dans l'existence de la garnison : à Paris, c'était, au contraire, l'existence de la garnison qui était absorbée dans l'existence de la population.

Il est malheureusement vrai, quoique douloureux à dire, que lorsque le droit n'a pas de sanction, et cette sanction, c'est la force, le droit prévaut très-rarement. Eh bien! la sanction du droit dans la ville de Paris, c'eût été une armée préexistante, bien organisée, bien disciplinée, et qui ne fût pas tout entière au dehors devant l'ennemi; en outre c'eût été la police. Or, à Paris, la vigilante et très-nombreuse police de l'Empire avait été dispersée après le 4 septembre, et, pour la sauver, j'avais été obligé de l'envoyer à l'ennemi, où elle a toujours fait d'excellentes preuves. La police qui restait à notre disposition était parfaitement dirigée et pleine de courage; mais elle manquait absolument de personnel et de moyens d'action.

Ainsi, nous étions à Paris sans armée, au point de vue de l'organisation et de l'esprit militaires qui créent la force dans les luttes de la guerre civile : c'était là, vous le reconnaîtrez, une invincible difficulté.

Mais j'ai eu une raison plus haute pour agir comme je l'ai fait. Je conviens que j'étais seul de mon avis, je conviens que j'ai fait prévaloir là des idées qui m'étaient propres; mais enfin ces idées ont réussi. Les voici : La ville privée tout à coup, en vingt-quatre heures, de sa vie extérieure, c'est-à-dire de l'immense rayonnement qu'elle avait sur la France, sur l'Europe, sur le monde entier; La ville privée en même temps, de sa vie intérieure, c'était la mort de Paris, messieurs! C'était, à bref délai, cette explosion populaire que souhaitait et qu'activait M. de Bismark. Je jugeai qu'en laissant à Paris sa vie intérieure, il se formerait des courants et des contre-courants qui se neutraliseraient, et créeraient ce calme relatif au milieu duquel nous avons vécu quatre mois. L'équilibre assurément était instable, il était précaire, il a été trois fois dérangé; mais, enfin, il nous a réussi, il nous a permis de conduire le siége, comme je vous l'ai dit, jusqu'à notre dernier morceau de pain. Nous n'avons pas eu d'explosion populaire, c'est-à-dire de bataille, *après laquelle, perdue ou gagnée, l'ennemi entrait dans Paris!*

Messieurs, ce fut là un grand effet moral que je m'honore d'avoir produit, qui est exclusivement applicable à l'exception de Paris, et que je ne conseillerais, vous pouvez m'en croire, à aucun gouverneur de place, de tenter.

Il est certain que j'ai été pendant quatre mois et demi luttant sans armes réelles contre la démagogie armée. Rappelez-vous, messieurs, le

18 mars. Vous n'étiez pas un Gouvernement de hasard. Vous étiez le Gouvernement légitime; vous arriviez là armés de toutes les forces légales, et, quand le sentiment conservateur de Paris vous disait : « Vous ne pouvez pas laisser subsister à Montmartre la forteresse de l'insurrection, » le sentiment conservateur disait vrai. Mais vous ne disposiez guère, alors que de l'armée dont j'avais disposé moi-même : elle valait beaucoup, elle vous en a donné la preuve; mais elle était depuis de longs mois en contact avec la population dans l'état où le siége l'avait mise, et votre droit n'ayant pas de sanction, vous avez dû transporter le Gouvernement à Versailles.

Telle est la politique du siége de Paris. Je crois que, sans elle, Paris n'aurait pas dépassé les trente jours de siége que lui assignaient les espérances des plus hardis. Si nous avons tenu aussi longtemps, c'est qu'on respectait assez le pouvoir, qu'on voyait tous les jours à l'œuvre devant l'ennemi, pour ne pas oser le renverser violemment; mais ce pouvoir avait évidemment une situation très-précaire.

Je termine en disant que certainement le second siége de Paris est l'explication et la justification du premier.

J'ai à vous parler maintenant de la garde nationale de Paris. Au commencement du siége, elle comprenait 60 bataillons, soit 40 à 45,000 hommes, animés, je l'ai déjà dit, du meilleur esprit. C'était la garde nationale qui fonctionnait au temps de l'Empire. Ces 60 bataillons furent portés à 260, et par conséquent l'effectif s'éleva de 50,000 à 250,000 hommes armés!

A ce propos, on nous a fait le reproche d'avoir armé tout le monde sans distinction de précédents, sans contrôle de la vie antérieure de ceux qu'on armait. Mais, je vous le demande, comment aurait-on exercé ce contrôle? Il s'agissait d'armer 200,000 hommes à la fois; ces 200,000 hommes, nous n'avions entre eux et nous, comme intermédiaire, d'autre pouvoir que les municipalités. Elles ne disposaient d'aucun personnel en mesure de contrôler l'existence de chacun des hommes qui venaient réclamer des armes, et tout le monde en demandait! Par conséquent, il y avait là tout à la fois une impossibilité matérielle et morale; et, au temps dont je parle, il y en avait encore une autre: c'est que la plupart des municipalités qui étaient forcément chargées d'opérer la distribution de ces armes étaient loin d'agir de concert, on le sait, avec le Gouvernement!

C'est vous dire à quel point, dans cet effectif de 250,000 hommes où figuraient à peu près 25,000 repris de justice ou l'équivalent dans l'ordre moral, et 6,000 sectaires capables de tout contre l'ordre social; c'est vous dire à quel point les mauvaises passions étaient en minorité, et quelle collection d'honnêtes gens c'était que la garde nationale de Paris!

Mais l'absence de toute éducation militaire et, par conséquent, de toute discipline; l'insuffisance du commandement élu; l'abandon de tout travail régulier; l'ivrognerie qui par suite prit des développements énormes; l'habitude de ces sorties qui se faisaient hors des remparts sans contrôle, et mettaient des groupes mal commandés, près des maisons abandonnées de la banlieue, exposés à la tentation du pillage ; tout contribua à introduire dans ces masses, des germes de profonde démoralisation.

Le zèle de la garde nationale pour les exercices et pour les travaux extérieurs était infini. Bien souvent, la nuit, de mon cabinet, j'ai vu les compagnies s'exercer dans la cour du Carrousel, à la lueur du gaz, sous la direction d'hommes qui mirent à cette œuvre de préparation un dévouement sans bornes ; parmi eux, se distinguant par un énergique patriotisme, je place au premier rang, entouré de son auréole de martyr, le général Clément Thomas !

A la fin de novembre, leur première éducation paraissant suffisante, les bataillons de la garde nationale furent appelés au service des tranchées, et, tous les jours, ils eurent quelques hommes blessés ou tués, et chaque fois, les commandants militaires locaux, pour les encourager, les honoraient par des ordres du jour très-élogieux qui étaient rendus publics.

Alors, messieurs, l'orgueil entra dans le cœur de la garde nationale de Paris, comme il était dans le cœur de l'armée française, que vous avez vue traverser Paris pour aller au Rhin, dans un désordre qui nous affligeait, en chantant la *Marseillaise*, en criant : « A Berlin ! » comme s'il suffisait de crier : « A Berlin ! » pour y entrer. Hélas, cet orgueil devait être cruellement puni, et dans la garde nationale, et dans l'armée !

La garde nationale fut tout, les troupes de ligne ne furent plus rien, et vous pouvez en juger par deux des rapports auxquels je réponds. Ils ont été écartés, parce que leurs auteurs ont disparu ; mais, si voulez bien prendre la peine de les lire, vous verrez qu'il y est dit : « La garde nationale est prête à tout, en fait de courage, d'organisation, d'aptitude ; elle peut, quand on voudra, percer les lignes prussiennes ; quant à la ligne, elle n'est guère bonne qu'à crier : « Vive la paix ! » Il est vrai que, — circonstance atténuante, — on ajoute : « ce sont ses chefs qui lui ont fait cette éducation ! »

Donc, la garde nationale était tout. Il y avait dans les esprits une véritable exagération de sa valeur, de ses facultés, de son importance. Et cependant, vous avez vu, rendez-moi cette justice, à quel point j'ai loué devant vous les services qu'elle a rendus au pays pendant le siége !

Mais la vérité, je vous la dois et je vous la dis : l'orgueil était là. Vous avez vu le képi de M. Victor Hugo qui symbolisait cette situation ; et notre honorable collègue, M. Louis Blanc, vous a dit à Bordeaux, vous entretenant des choses de Paris, qu'il en parlait plus en membre de la garde nationale qu'en membre de l'Assemblée. C'était l'esprit du temps.

Messieurs, je vous ai parlé des sectaires. Ce furent eux, au nombre de douze ou quinze cents seulement, qui firent le 31 octobre (1). Permettez-moi de m'arrêter un instant à cette date et de vous dire ce que fut cet événement.

Le 31 octobre, alors que j'étais entre les mains des sectaires, je fus frappé de ce fait que

(1) La journée du 31 octobre a eu sur l'avenir du siége de Paris et de la situation tout entière, une influence fatale. Je tiens de l'un des personnages de la diplomatie enfermés avec nous dans la place, que le Roi et M. de Bismarck étaient prêts à céder aux patriotiques efforts que faisait en ce moment même auprès d'eux, notre illustre et infatigable négociateur M. Thiers ; qu'ils allaient nous concéder l'*armistice avec ravitaillement* qui aurait permis la convocation d'une Assemblée nationale et préparé la paix. Le 31 octobre leur rendit toutes leurs espérances et toutes leurs exigences.

ces hommes étaient tous armés de carabines perfectionnées, système Snyders, ou système Remington; j'en fus surpris, parce que nous n'en avions pas distribué, et je ne sais d'où elles leur venaient.

On nous a reproché, à propos du 31 octobre, de n'avoir pas fait arrêter les chefs de cette coupable entreprise, et de n'avoir pas sévi.

Je réponds par un rapprochement qui vous frappera je pense :

Si, alors que ces pauvres martyrs, qu'on appelait aussi des otages, étaient à Mazas, une colonne d'infanterie se fût présentée devant cet établissement et qu'elle eût trouvé là ces infortunés enfermés avec leurs bourreaux, sous le canon des fusils, que croyez-vous qu'il se fût passé ?

On eût parlementé avant d'agir, de peur de précipiter leur mort; et le résultat de cet échange tout à fait irrégulier, mais tout à fait naturel, eût été celui-ci : que les otages auraient été sauvés, et que par des voies plus ou moins définies, leurs persécuteurs auraient disparu.

C'est ce qui est arrivé à l'Hôtel-de-Ville.

Alors que plusieurs d'entre nous, plus jeunes, plus vigoureux, plus heureux, avaient échappé aux sectaires, d'autres étaient restés entre leurs mains ; et, quand on est venu à leur aide avec la garde nationale, qui fit preuve de patriotisme (1), et avec les mobiles, alors se posa la redoutable question que je vous faisais envisager tout à l'heure ; et ce qui constate qu'elle se posait nécessairement, c'est que le général Le Flô, dont l'énergie est bien connue, alla lui-même au devant des mobiles du Finistère, qui étaient les siens et venaient le dégager, et leur dit : « Restez-là, l'heure n'est pas venue ! » En effet, tout indique que si, à ce moment, se fût produite une agression à main armée, les otages auraient été tués. C'est ce doute qui a produit ce qui s'est passé au 31 octobre ; c'est ce doute qui a fait que les sectaires, qui remplissaient la salle

(1) Le premier bataillon de la garde nationale dévoué à l'ordre qui pénétra dans l'Hôtel-de-Ville, fut le 106e aux ordres du commandant *Ibos* dont le sang-froid et le courage furent très-remarqués. Ce bataillon eut le concours du 17e, de détachements des 15e, 14e, 4e et 151e bataillons, des carabiniers *de Vresse*, etc. Les capitaines *de Brettes*, *Charles Ferry* et d'autres officiers se distinguèrent par la vigueur de leur initiative.

où étaient encore détenus quelques membres du Gouvernement, ont pu s'en aller sans être inquiétés. Il y eut forcément une convention tacite(1).

Le lendemain, et même cette nuit-là, je crois, les membres du Gouvernement réunis, décrétèrent l'arrestation immédiate de vingt-quatre des sectaires les plus connus.

Je dois vous dire que leurs chefs principaux ne s'étaient point trouvés à l'Hôtel-de-Ville, comme toujours. A l'exception de M. Flourens, mort aujourd'hui, et qui menait l'entreprise, on n'aurait pu arrêter sur place que des chefs secondaires.

Eh bien ! qu'arriva-t-il? Il arriva, que la moitié d'entre eux, saisis dans la rue ou à leur domicile régulier, c'est-à-dire surpris, furent en effet arrêtés et incarcérés ; mais les autres, qui s'étaient réfugiés dans les centres démagogiques où la police ne put pénétrer, ne furent pas saisis. Et voilà comment, le lendemain du 31 octobre, le

(1) Les otages restés entre les mains des insurgés étaient : MM. Jules Favre, Jules Simon, Garnier Pagès, membres du Gouvernement, le général Le Flô, ministre de la guerre, le général Tamisier, commandant supérieur de la garde nationale, le commandant Ibos du 106e bataillon de la garde nationale.

Gouvernement, faute de moyens d'action suffisants, resta relativement impuissant devant la démagogie. J'ajoute que ceux qui furent arrêtés, traduits plus tard *devant un conseil de guerre*, furent acquittés! Autre preuve éclatante de ce qu'était, dans Paris assiégé, le droit dépourvu de sanction!

Un de ces hommes, qui avait des mécontentements d'ambition, révéla au général Clément Thomas et à moi, sous la promesse d'honneur de ne pas faire connaître son nom, — il ne demanda rien de plus,—l'organisation et les vues des sectaires.

Ils obéissaient à un mot d'ordre venant du dehors; ils avaient la mission de proclamer la guerre à outrance, d'exprimer la haine la plus violente contre les Prussiens; mais, en fait, ils ne devaient pas combattre. Ils avaient l'ordre de réunir des munitions, des armes, des canons et d'attendre.

C'est à partir de cette révélation, que le général Clément Thomas, avec l'ardente énergie que vous lui avez connue, poursuivit les sectaires sans leur laisser ni repos ni trêve. Il les déshonora devant Paris, devant l'opinion, par trois ou quatre ordres du jour restés fameux, lorsque, conduits à l'ennemi, ils y arrivaient en état d'ivresse, ce qui était leur habitude, et qu'ils ne combattaient pas, ce qui était dans leurs ordres. Et soyez sûrs, messieurs, que Clément Thomas, assassiné à Montmartre, fut frappé par les sectaires enivrés de vengeance !

En général, après chacun de nos désastres, ils tentaient une entreprise, comme s'ils avaient voulu les compléter et en bénéficier. Ils en firent une le 8 octobre, après la prise de Strasbourg ; le 31 octobre, après la capitulation de Metz ; le 22 janvier, après la bataille de Buzenval, toujours en proclamant la guerre à outrance et en déclarant, qu'avec ou sans le Gouvernement, ils la feraient eux-mêmes. C'est dans le même esprit, qu'ils s'emparèrent des canons de la place Wagram et les transportèrent à Montmartre où s'organisa la citadelle de l'insurrection.

Le 18 mars, les sectaires sont maîtres de Paris par suite des douloureux événements que vous savez ; ils sont maîtres de la ville, de l'enceinte, des forts, ils sont maîtres de l'armement, des munitions, de tout ! Et à l'instant même, à mon grand étonnement, et malheureusement sans que Paris ait paru s'en étonner, par une contradiction singulière, ils déclarent reconnaître toutes les clauses des préliminaires de paix! Ils entrent dans des relations qu'on pourrait dire cordiales, avec l'ennemi! Un officier général prussien est dans l'obligation d'expliquer une lettre qu'il avait adressée à la Commune ou au commandant militaire de Paris sous la Commune! Le délégué à la guerre, comme on l'appelait, rend une série d'arrêtés très-sévères qui ont pour but d'assurer à l'ennemi la libre jouissance de tous les droits que lui conféraient les négociations en cours! Des hommes, qui avaient été incarcérés par mon ordre pendant le siége comme agents prussiens, deviennent les directeurs des affaires militaires de la Commune; le sieur Dombrowski était dans ce cas!

Messieurs, j'en ai dit assez, car je me défie des écarts de ma pensée et de mon langage, pour montrer quelle est, à mon sens, l'origine de l'insurrection de Paris

Je l'ai regardée, je la regarde encore, pour

une part au moins, comme une continuation de la guerre étrangère transformée!

Et je ne puis oublier, je le dis avec douleur, que M. le prince de Bismarck, faisant deux fois à l'insurrection de Paris, l'honneur de s'en occuper dans des discours officiels qui nous sont parvenus, n'a pas exprimé l'horreur qu'inspirent au monde entier, devant la morale universelle, les crimes de la Commune! Il a déclaré que si la paix ne s'était pas conclue, l'armée prussienne fût entrée dans Paris soit de vive force, *soit par un accord avec la Commune* à laquelle il a trouvé *un grain de bon sens !*

J'ai terminé, messieurs, l'exposé que j'avais à vous faire. Je l'ai fait sans aucune passion, avec la plus entière sincérité, avec la plus entière impartialité.

Les amertumes que j'ai eu à dévorer pendant le siége, je les ai oubliées, et vous-mêmes, en accueillant avec tant de bienveillance le récit que je vous en ai présenté, vous me les avez fait oublier.

Je finis par de courtes conclusions :

Une armée qui passait pour la plus puissante du monde, et qui se croyait, en effet, la plus puissante du monde; qui seule, entre toutes les armées de l'Europe, avait fait depuis quarante ans la guerre d'outre-mer et la guerre continentale; entretenue par le plus riche budget; commandée par des officiers généraux connus, quelques-uns illustres; solidement encadrée; pourvue d'un matériel de guerre qu'on regardait comme la dernière expression du progrès dans la balistique militaire — rappelez-vous ce qu'on disait du chassepot et des mitrailleuses, —cette armée a été non pas désorganisée comme il arrive souvent à la guerre, non pas détruite comme il arrive quelquefois, elle a été enlevée! car le prince, son entourage, les généraux, les officiers, les soldats et un immense matériel de guerre ont été conduits en Prusse, dans un désastre dont l'histoire militaire d'aucun peuple n'offre l'équivalent.

Trois semaines ont suffi à l'accomplissement de ce désastre !

De la catastrophe est issu, au hasard, en deux heures, un Gouvernement improvisé. Avec des soldats improvisés, des officiers improvisés, une armée improvisée, des généraux sortis en grand nombre de la retraite et de positions civiles, ce Gouvernement a tenu devant lui, je ne dirai pas en échec, mais je crois que je puis dire en respect, l'armée ennemie, portée du chiffre de six cent mille au chiffre d'un million d'hommes, entraînée par le prestige de ses victoires inespérées et par la confiance qu'elles lui inspiraient.

Ces efforts ont duré cinq mois !

Des officines de publicité très-puissantes, établies à Bruxelles, à Londres, à Paris, à Bordeaux, à Versailles, partout, ont fait accepter, dans une certaine mesure, par l'esprit public, *que le premier fait*, c'est-à-dire les trois semaines d'effroyables désastres, était le résultat de la fatalité ; *que le deuxième fait*, c'est-à-dire la résistance improvisée de cinq mois, était l'origine de toutes les fautes, de toutes les erreurs, de toutes les responsabilités !

Messieurs, je ne crois pas que cela soit vrai, et je crois encore moins que cela soit juste !

Les hommes et les choses du 4 septembre, qu'ils vous paraissent mériter votre sympathie ou qu'ils vous paraissent mériter vos colères, ne sont que la résultante obligée, inévitable, des désastres de Wissembourg, de Reichshoffen, de Forbach, de Sedan, de Strasbourg et de Metz!

Oui, on en est, aujourd'hui, en France, à faire remonter l'origine, la cause, la responsabilité de tous les malheurs du pays, à la date du 4 septembre! Messieurs, il n'y a, dans notre histoire contemporaine, qu'une date qui mérite de rester dans l'exécration publique, c'est la date de la déclaration de la guerre! de cette guerre faite dans l'orgueil, sans préparation et sans alliances!

duit de l'allemand, par F. Timmerhans, Capitaine d'infanterie belge ; 2e édition, revue, corrigée et mise en rapport avec les modifications introduites depuis 1866. 1 beau vol. in-8°, avec 3 planches. . . . . 6 fr. »

Réorganisation de l'armée française ou morale de l'invasion prussienne ; par P. Bédarrides, Capitaine d'artillerie à l'armée de Metz, auteur du *Journal humoristique du siége de Sébastopol*. 1 vol. in-12. . . . . 1 50

La Campagne de Metz ; par un Général prussien. Broch. in-8° avec carte. 1 50

Armée de Metz (1870) ; par le Général Deligny. 3e édit. Broch. in-8°. 1 75

Rapport sommaire sur les opérations de l'armée du Rhin du 13 août au 29 octobre 1870 ; par le Commandant en chef, Maréchal Bazaine. 2e édit. Broch. in-8° avec une carte.. . . . . » 75

La province au siége de Paris. — Garde mobile du Tarn ; par Edmond Fuzier-Herman, Lieutenant au régiment. Broch. in-18.. . . . . 1 50

Le Général Trochu et la défense de Paris. Broch. in-8°. » 35

La vérité sur les causes de nos désastres ; par un Officier d'état-major. Broch. in-8°. . . . . 1 »

Journal d'un Officier de l'armée du Rhin; par M. Ch. Fay, Lieutenant-Colonel d'état-major. 1 vol. in-8°, avec carte. 4 50

Trois mois à l'armée de Metz; par un Officier du génie. 1 vol. in-12 avec une carte des opérations. . . . . 3 »

Faut-il des réformes? Brochure in-8°. . . . . 1 »

De la réorganisation militaire de la France. Brochure in-18. . . . . » 50

Réorganisation de la gendarmerie. Brochure in-18 . . » 50

L'armée nouvelle. 1 vol. in-18 . . . . 2 50

Projet de réorganisation de l'armée française ; par Ch. Fay. Lieutenant-Colonel d'état-major. Brochure in-8°. 1 »

L'armée et la milice ; par Ed. Guillard, Capitaine d'infanterie. Brochure in 8°. 1 25

Observations sur le recrutement et l'organisation de l'armée; par E. Jayet, Chef de bataillon d'infanterie. Brochure in-8°. . . . . » 60

Paris. — Imp. J. Dumaine, rue Christine, 2.

www.ingramcontent.com/pod-product-compliance
Ingram Content Group UK Ltd.
Pitfield, Milton Keynes, MK11 3LW, UK
UKHW012224240726
13966UKWH00003B/937